Schreiben und Redigieren – auf den Punkt gebracht

Ivo Hajnal · Franco Item

Schreiben und Redigieren – auf den Punkt gebracht

Das Schreibtraining für Kommunikationsprofis und Corporate Writer

4., wesentlich überarbeitete Auflage

Ivo Hajnal
Universität Innsbruck
Innsbruck, Österreich

Franco Item
Schweizerische Text Akademie
Zürich, Schweiz

ISBN 978-3-658-11664-4   ISBN 978-3-658-11665-1 (eBook)
https://doi.org/10.1007/978-3-658-11665-1

Die Deutsche Nationalbibliothek verzeichnet diese Publikation in der Deutschen Nationalbibliografie; detaillierte bibliografische Daten sind im Internet über http://dnb.d-nb.de abrufbar.

Springer VS
© Springer Fachmedien Wiesbaden GmbH, ein Teil von Springer Nature 2000, 2005, 2009, 2023
Die Auflagen 1 bis 3 sind im Verlag Huber Frauenfeld erschienen.
Das Werk einschließlich aller seiner Teile ist urheberrechtlich geschützt. Jede Verwertung, die nicht ausdrücklich vom Urheberrechtsgesetz zugelassen ist, bedarf der vorherigen Zustimmung des Verlags. Das gilt insbesondere für Vervielfältigungen, Bearbeitungen, Übersetzungen, Mikroverfilmungen und die Einspeicherung und Verarbeitung in elektronischen Systemen.
Die Wiedergabe von allgemein beschreibenden Bezeichnungen, Marken, Unternehmensnamen etc. in diesem Werk bedeutet nicht, dass diese frei durch jedermann benutzt werden dürfen. Die Berechtigung zur Benutzung unterliegt, auch ohne gesonderten Hinweis hierzu, den Regeln des Markenrechts. Die Rechte des jeweiligen Zeicheninhabers sind zu beachten.
Der Verlag, die Autoren und die Herausgeber gehen davon aus, dass die Angaben und Informationen in diesem Werk zum Zeitpunkt der Veröffentlichung vollständig und korrekt sind. Weder der Verlag noch die Autoren oder die Herausgeber übernehmen, ausdrücklich oder implizit, Gewähr für den Inhalt des Werkes, etwaige Fehler oder Äußerungen.

Planung/Lektorat: Barbara Emig-Roller
Springer VS ist ein Imprint der eingetragenen Gesellschaft Springer Fachmedien Wiesbaden GmbH und ist ein Teil von Springer Nature.
Die Anschrift der Gesellschaft ist: Abraham-Lincoln-Str. 46, 65189 Wiesbaden, Germany

Vorwort

Die vierte Auflage: was sich geändert hat ...
Die vierte Auflage unseres Klassikers „Schreiben und Redigieren" stellt für uns in einem wesentlichen Punkt Neuland dar. Denn zum ersten Mal verwirklichen wir ein Buchprojekt mit unserem neuen Verlagspartner Springer.

Nicht nur äusserlich erscheint „Schreiben und Redigieren" in neuer Gestalt. Auch inhaltlich haben wir einiges verändert. Erstens haben wir uns an zahlreiche aktuelle Textbeispiele aus allen Disziplinen der Unternehmenskommunikation – von klassischen Public Relations über Content Marketing bis zu Stelleninseraten – angelehnt, um unsere Empfehlungen zu illustrieren. Zweitens berücksichtigen wir die sprachlichen Erfordernisse der sozialen Medien. Und schliesslich sind die Textbeispiele übersichtlicher als in den drei Auflagen zuvor dargestellt und kommentiert. Wir hoffen, durch diese Massnahmen den Praxisnutzen des Buches nochmals erhöht zu haben.

Die Professionalisierung der Schreibberufe schreitet voran
Als die erste Auflage dieses Buches im Jahre 2000 erschien, war Schreiben noch ein Stiefkind der Unternehmenskommunikation. Inzwischen ist es zu einer Kernkompetenz geworden: Texte – und damit ‚Content' in Wort und Bild – bestimmen den Auftritt eines Unternehmens und seiner Marke. Hinzugekommen sind in den letzten Jahren zudem neue Anforderungen an eine Unternehmenssprache: UX Writing, ‚leichte' Sprache oder ‚einfache' Sprache stehen für neue Schreibformen, die heute situativ bedingt zum Einsatz kommen. Umso mehr benötigen Unternehmenskommunikatorinnen und -kommunikatoren Schreib- bzw. Textkompetenz, und die Professionalisierung der Schreibberufe ist weiter in vollem Gange.

Am Kern unseres Buches hat sich nichts geändert. Er besteht aus einem Trainingsprogramm, das die Massnahmen verständlichen Schreibens systematisch vorstellt und mit praxisnahen Empfehlungen verknüpft. Da dieses Programm auf theoretischen Erkenntnissen wie empirischen Studien beruht, bietet es zwei erhebliche Vorteile: Seine Empfehlungen sind ...

- einerseits objektiv und orientieren sich nicht an unserem persönlichen Stilempfinden.
- andererseits auf die Bedürfnisse von professionell Schreibenden zugeschnitten.

In den vielen Lehrgängen und Schulungen der Schweizerischen Text Akademie – unserer 2001 gegründeten Stiftung zur Förderung des beruflichen Schreibens – haben sich diese Empfehlungen zudem bewährt und ihre Praxistauglichkeit bewiesen.

Wissenschaftlichkeit
Immer wieder sind die vorangegangenen Auflagen dieses Buches in wissenschaftlichen oder fachnahen Publikationen zitiert worden. Dies freut uns selbstverständlich – doch legen wir Wert auf die Feststellung, dass dieses Buch trotz seines soliden wissenschaftlichen Fundaments in erster Linie auf die praktische Anwendung ausgerichtet ist. Somit sind gewisse Sachverhalte vereinfachend dargestellt und nutzen Kommunikationsmodelle, die auf den Praxisnutzen ausgerichtet sind.

Geschlechtergerechte Sprache
Wir haben uns schweren Herzens entschieden, in dieser Neuauflage erneut nur die männliche Form, also das generische Maskulinum („Leser"), zu verwenden. Unsere Gründe sind unter anderem die folgenden: Erstens schliesst die konsequente Beidnennung („Leserinnen und Leser") weiterhin diversgeschlechtliche Lesende aus. Eine weitum akzeptierte sprachliche Lösung, alle Lesenden angemessen anzusprechen, hat sich in der Praxis jedoch noch nicht etabliert. Zweitens zeigt eine Durchsicht aktueller deutschsprachiger Fachbücher zum Thema „Schreiben", dass die Beidnennung aus Platzgründen oft inkonsequent (teils „Leserinnen", teils „Leser", teils „Leserinnen und Leser" in derselben Publikation) gehandhabt wird. Dies ist aus Sicht der Textverständlichkeit jedoch unbefriedigend. Schliesslich lässt sich die konsequente Beidnennung nur umständlich in allen Zusammensetzungen (z. B. „leserinnen- und leserfreundlich" u. a. m.) verwirklichen. Wir bitten daher alle unsere Lesenden, das generische Maskulinum in diesem Buch als Kurzform ohne weitere Implikationen zu betrachten. Darüber hinaus bekennen

wir uns zu einer inklusiven Sprache und verweisen in unseren Ausbildungsgängen und Publikationen stets auf die entsprechenden Erkenntnisse.

Quellen

Die im Buch genannten Textauszüge lehnen sich in verfremdeter Form an Texte an, die in ähnlicher Form auf dem Web oder in Drucksachen veröffentlicht worden sind. Daher ist eine exakte Quellenangabe nicht möglich. Doch verweisen wir nach Möglichkeit auf den Branchenkontext.

Danke

Wir danken Ruth Blaser für ihre Unterstützung bei der Gestaltung dieser Neuauflage. Schliesslich danken wir allen Teilnehmerinnen und Teilnehmern unserer Lehrgänge, allen Mitarbeitenden sowie den Partnerorganisationen der Schweizerischen Text Akademie. Sie alle haben dazu beigetragen, die Disziplin Corporate Writing in der Schweiz und im ganzen deutschsprachigen Raum im Bewusstsein von Unternehmen und Kommunikationsfachleuten zu verankern.

Zürich
Sommer 2023

Ivo Hajnal
Franco Item

Inhaltsverzeichnis

1	**Einführung**	1
	1.1 Kommunizieren bedeutet „Mit-teilen"	1
	1.2 Sprachlosigkeit – eine Zeiterscheinung?	3
	1.3 Dem eigenen Text ausgeliefert	5
	1.4 Wie funktioniert geschriebene Sprache?	9
	Literatur	14
2	**Verständlich schreiben – das oberste Gebot**	15
	2.1 Verständlichkeit belohnt den Leser	15
	2.2 Verständlichkeit ist messbar	17
	2.3 Vier Anforderungen, die ein Text erfüllen muss	18
	2.4 Unsere Checkliste zur Textproduktion und Textoptimierung	19
	Literatur	24
3	**Leserfreundlichkeit – behandeln Sie den Leser als Freund**	27
	3.1 Was ist Leserfreundlichkeit?	27
	3.2 Das leserfreundliche Wort	30
	3.3 Der leserfreundliche Satz	53
	3.4 Der leserfreundliche Text	73
	Literatur	80
4	**Logik – Führen Sie die Leser durch den Text**	83
	4.1 Was ist Logik?	83
	4.2 Der logische Satz	85
	4.3 Der logische Text	108
	Literatur	111

5	**Präzision – Verlieren Sie keine unnötigen Worte**	113
	5.1 Was ist Präzision?	113
	5.2 Das präzise Wort	116
	5.3 Der präzise Satz	129
	5.4 Der präzise Text	139
	Literatur	144
6	**Anreiz – Wecken Sie das Interesse des Lesers**	147
	6.1 Was ist Anreiz?	147
	6.2 Das anregende Wort	153
	6.3 Der anregende Satz	155
	6.4 Der anregende Text	159
	Literatur	159
7	**Textoptimierung – Wie Sie unsere Checkliste in der Praxis nutzen**	161
	7.1 Das Redigieren und Optimieren von Texten in der Praxis	161
8	**Ein Glossar der Fachbegriffe sowie eine Übersicht über die wichtigsten Regeln der Verständlichkeit**	171
	8.1 Ein Glossar der grammatischen und stilistischen Fachbegriffe	171
	8.2 Alle Empfehlungen im Überblick	176

Über die Autoren

Univ.-Prof. Dr. Ivo Hajnal (geb. 1961 in Zürich) ist Sprachwissenschaftler und Absolvent der Universität Zürich. Er war als Universitätsprofessor an der Humboldt-Universität zu Berlin sowie der Universität Münster tätig. Seit 2001 arbeitet er in gleicher Funktion an der Leopold-Franzens-Universität Innsbruck. Ivo Hajnal ist Mitbegründer der Schweizerischen Text Akademie und engagiert sich in weiteren Stiftungsräten.

Franco Item MAS (geb. 1961 in Davos), ist Publizist, TV-Redaktor und Hochschuldozent. Zuvor arbeitete er in Kommunikationsagenturen und Medienhäusern. Er ist unter anderem Mitgründer der Schweizerischen Text Akademie und der Science City Davos.

Abbildungsverzeichnis

Abb. 1.1	Die Komponenten, welche die Wirksamkeit eines Textes bestimmen.	6
Abb. 1.2	Ursachen für die Wirkungslosigkeit bzw. verfehlte Wirkung eines Textes.	9
Abb. 1.3	Das verständigungsorientierte Kommunikationsmodell zwischen Schreiber und Leser.	10
Abb. 1.4	Kommunikationsmaximen und ‚nicht-natürliche' Textbedeutung.	12
Abb. 2.1	Die sprachlichen Anforderungsstufen der Textverständlichkeit nach dem Hamburger Modell in weiterentwickelter Form.	20
Abb. 2.2	Unsere Checkliste zur Textproduktion und Textoptimierung.	22
Abb. 3.1	Unsere Checkliste zur Leserfreundlichkeit.	29
Abb. 3.2	Die wesentlichen Suffixe abstrakter Substantive.	46
Abb. 3.3	Abstrakta komprimieren einen Sachverhalt.	46
Abb. 3.4	Den Grad der Abstraktion bestimmen.	50
Abb. 3.5	Blähdeutsch und seine Ursachen.	51
Abb. 3.6	Verbale Konstruktionen, die eine Satzklammer verursachen.	54
Abb. 3.7	Die leserfeindliche Satzklammer.	55
Abb. 3.8	Standardwortstellung versus abweichende Wortstellung im Satz.	59
Abb. 3.9	‚Versteckte' Passivformulierungen.	71
Abb. 4.1	Unsere Checkliste zur Logik.	85
Abb. 4.2	Probleme bei der Verwendung von Pronomen.	90
Abb. 4.3	Zeiten und Aussageweisen des Deutschen.	93

Abb. 4.4	‚Besprochene' versus ‚erzählte' Welt.	96
Abb. 4.5	Die Bildeweise des deutschen Konjunktivs	99
Abb. 4.6	Die Verwendung von Konjunktiv I und Konjunktiv II.	100
Abb. 4.7	Der Weg von direkter zu indirekter Rede.	101
Abb. 4.8	Der gemischte Konjunktiv (Konjunktiv II statt Konjunktiv I).	103
Abb. 4.9	3. Person Singular versus 3. Person Plural in indirekter Rede.	103
Abb. 4.10	Typische Versehen beim Gebrauch des Konjunktivs der indirekten Rede.	106
Abb. 5.1	Unsere Checkliste zur Präzision.	115
Abb. 5.2	Wortballast in der Übersicht.	116
Abb. 5.3	Eine (unvollständige) Liste an Allerwelts- und Modewörtern.	122
Abb. 5.4	Eine (unvollständige) Liste unnötiger Vorsilben bei Verben.	133
Abb. 5.5	Unterschiedlich lange Sätze und ihre Einsatzbereiche.	135
Abb. 5.6	Präzise, portionierte Sätze statt überlanger Sätze.	136
Abb. 5.7	Die klare Informationshierarchie.	142
Abb. 6.1	Assimilation und Akkomodation im Wechselspiel.	148
Abb. 6.2	Anreiz versus Verständlichkeit.	150
Abb. 6.3	Unsere Checkliste zum Anreiz.	152

Einführung 1

1.1 Kommunizieren bedeutet „Mit-teilen"

Eine täglich anwachsende Textflut überschwemmt unsere Schreibtische und füllt unsere Mailboxen. Mobile Geräte gestatten uns, Informationen an jedem Ort und in jeder Situation zu konsumieren. Und immer mehr Zeit verbringen wir, um eine unüberschaubare Menge von Websites und sozialen Plattformen nach Brauchbarem oder Unterhaltendem zu durchforsten. Im Gegenzug verfassen wir selbst täglich Dutzende von E-Mails – oder publizieren auf sozialen Plattformen in eigener Sache. Somit wird geschriebene Sprache in Beruf wie Freizeit immer mehr zur Grundlage jeder zwischenmenschlichen Kommunikation.

Allerdings steht es mit der schriftlichen Kommunikation nicht immer zum Besten. Nehmen wir den aus dem Lateinischen entlehnten Begriff „Kommunikation" für bare Münze, so lässt er sich mit „Mit-teilung" wiedergeben. Nicht jeder Text „teilt" jedoch die in ihm enthaltene Information „mit" seinen Lesern.

> **Beispiele:** Die folgenden Textpassagen sind nur in groben Stücken verständlich:
>
> (1) *Ist denn niemand in der Firma aufhören mich zu fragen in der unwahrscheinlich überzeugender eine Zielgruppe besteht aus Menschen, die die Zeitung nicht mögen eine Zeitung zu kaufen?*

© Springer Fachmedien Wiesbaden GmbH, ein Teil von Springer Nature 2023
I. Hajnal, F. Item, *Schreiben und Redigieren – auf den Punkt gebracht*,
https://doi.org/10.1007/978-3-658-11665-1_1

Selbstverständlich stammt dieses Textbeispiel nicht aus der ‚freien Wildbahn'. Es handelt sich um die Übersetzung des Zitats des britischen Medienexperten und Bloggers Roy Gleenslade, die auf Facebook seinerzeit maschinell erstellt worden ist. Die Suchmaschine Google hat noch 2017 dasselbe Zitat in der Übersetzung wie folgt wiedergegeben:

Hat niemand in der Firma Halt an der Unwahrscheinlichkeit zu fragen, eine Zielgruppe zu überzeugen, von Menschen zusammen, die Zeitungen nicht mögen, eine Zeitung zu kaufen?

Das Original lautet übrigens: „Did no one at the company stop to wonder at the unlikelihood of convincing a target audience composed of people who dislike newspapers to buy a newspaper?"
Ohne Zweifel sind die beiden übersetzten Textpassagen unter künstlichen Bedingungen – nämlich maschinell – erstellt. Dennoch belegen sie die Behauptung, dass in der heutigen Zeit beileibe nicht jeder Text seine Informationen uneingeschränkt „mit uns teilt".
Fairerweise müssen wir nachtragen, dass die maschinellen Übersetzungen stetige Fortschritte erzielen. So lautet die Übersetzung des englischen Originals 2022 auf Deepl wie folgt:

Hat sich niemand im Unternehmen Gedanken darüber gemacht, wie unwahrscheinlich es ist, ein Zielpublikum, das sich aus Menschen zusammensetzt, die Zeitungen nicht mögen, zum Kauf einer Zeitung zu bewegen?

Die Aussage ist bereits deutlich verständlicher, bleibt aber komplex und verschachtelt. Bislang ist der Übersetzungsalgorithmus noch nicht in der Lage, den menschlichen Bedürfnissen nach kompakten, portionierten Aussagen zu entsprechen.

(2) Eine App wird im App-Store wie folgt präsentiert:

Lebensstilanwendung. Das ist eine vortreffliche Wahl für Geschäftsleute und Studenten, Schüler und Haushalter, ebenso wie jene, wer Ihr Leben in Ordnung und gut planiert führen möchte.

Wie im Beispiel (1) liegt hier wohl eine maschinelle Übersetzung vor. Der Sinn lässt sich bestenfalls erahnen.

1.2 Sprachlosigkeit – eine Zeiterscheinung?

Die Feststellung, dass nicht jeder Text im eigentlichen Sinne des Begriffs „Kommunikation" die in ihm enthaltenen Informationen ‚mit uns teilt', trifft leider auch auf ganz herkömmliche Texte zu. Texte also, die unter üblichen Bedingungen von schreibenden Menschen, nicht von Maschinen verfasst worden sind.

Beispiele: Die folgenden Textpassagen ‚teilen' die in ihnen enthaltenen Informationen nur ungenügend ‚mit' ihren Lesern.

(1) Ein Dienstleistungsunternehmen hält in seinem Leitbild fest:

Das ausgewogene Verhältnis zwischen Diversifikation und Angebot sowie die daraus gewonnenen Einsichten sind unsere Unternehmensgaranten für Innovation, Kreation und Kundennutzen.

Den eigentlichen Sinn dieser Aussage kann der Leser nur erraten: „Das Unternehmen entwickelt ihr Angebot im Dienst ihrer Kunden fortwährend mit viel Kreativität und Innovationskraft weiter." Die Aussage wirkt auf Grund zweier Verstösse gegen die sprachliche Leserfreundlichkeit sprachlos: erstens durch die Vielzahl an abstrakten Substantiven (*Verhältnis, Diversifikation, Angebot, Erkenntnisse* …); zweitens durch die Augenblicksbildung *Unternehmensgaranten*, deren Bedeutung offenbleibt.

(2) Ein Unternehmen für Messebau verspricht den Kunden auf seiner Website:

Optimal umgesetzt ist ein Messestand Visitenkarte und Aushängeschild für Ihr Unternehmen. Dieses Ideal wollen wir für jeden unserer Kunden erreichen. Vom ersten Gespräch bis zum letzten Handgriff nach der Messe bis hin zur Lagerung zwischen den Messen.

Logische Verstösse verdunkeln den Sinn dieser Aussage. Denn erstens besitzt das rückbezügliche Pronomen *dieses (Ideal)* keinen klaren Bezug (im Satz zuvor ist kein Ideal genannt). Zweitens ist wenig klar, wie ein Messestand in gelagertem Zustand als Visitenkarte dient – offenkundig hat der Schreiber mehrere Gedanken in untauglicher Weise vermischt.

(3) Ein Energiedienstleister macht in eigener Sache Werbung:

Wir engagieren uns in nationalen und regionalen Engagements aus den Bereichen Sport, Kultur, Wirtschaft und Ökologie sowie an diversen Publikums- und Fachmessen. Im Fokus stehen innovative und nachhaltige Projekte mit gegenseitigem Mehrwert, welche uns die Möglichkeit bieten, in einem emotional ansprechenden Umfeld mit Kunden und Partnern persönlich in Kontakt zu treten.

Der Schreiber kommt nicht auf den Punkt. Vielmehr verliert er sich in Tautologien (*sich in Engagements engagieren*) und greift zu Allerweltswörtern wie *Projekt(e)*, *Fokus* oder *Umfeld*. Der Aussage mangelt es also an der erforderlichen Präzision.

Allen drei Textbeispielen ist etwas gemeinsam: Sie teilen die in ihnen enthaltenen Informationen nicht oder nur unvollständig mit dem Leser, die Mitteilungen und Absichten ihrer Autoren bleiben unklar und verzerrt. Die Ursachen dieser missglückten Kommunikation sind stets sprachlicher Natur: In Beispiel (1) lässt der Schreiber jeglichen Sinn für Leserfreundlichkeit vermissen. In Beispiel (2) hat sich der Schreiber zu viel vorgenommen und scheitert am logischen Zusammenhalt. In Beispiel (3) schliesslich fehlt es dem Schreiber an der präzisen Formulierung.

Die oben zitierten Textbeispiele (1) bis (3) sind keine Einzelfälle. Sie zeigen, dass leichtfertiger Umgang mit der Sprache rasch zu Sprachlosigkeit führt.

> **Beispiel:** Dass sich unsere Gesellschaft nicht mit dieser Sprachlosigkeit abfindet, zeigt das Beispiel des CEO einer Unternehmensberatung. In einem E-Mail wandte er sich zu Jahresanfang an seine Mitarbeitenden. In deutscher Übersetzung lauteten die wesentlichen Aussagen:
>
> *Es ist Zeit für Vorsätze. Eine meiner Vorsätze ... lautet, eine aussergewöhnliche, konsistente, globale Talenterfahrung in unserem gesamten Netzwerk zu gewährleisten. Dieses Versprechen äussert sich über vier entscheidende Pfeiler: ... Um dieses Versprechen zu erfüllen, werden wir in feste Erwartungen investieren und dazu beitragen, auf jeder Funktionsstufe konsistente Fähigkeiten zu entwickeln ...*
>
> Bereits der Begriff *Talenterfahrung* liess die Mitarbeitenden rätseln. Über die sozialen Kanäle verbreitete sich dieses E-Mail rasch und wurde selbst in der Tagespresse zum Thema. Die öffentlichen Reaktionen waren eindeutig. Sie reichten von „ein Klassiker in Demotivierung" bis zu „unverständliches Gerede" und „absolut leere Plattitüden".

Dieses und viele andere Beispiele zeigen, dass sprachlose Texte bei den Empfängern rasch zum Ärgernis werden und ein zweifelhaftes Licht auf ihre Absender werfen.

1.3 Dem eigenen Text ausgeliefert

Die Sprachlosigkeit vieler Texte ist für die Leser ein Ärgernis. Für die Schreiber hat sie jedoch weiterreichende Folgen: Der sprachlose Text verfehlt die beabsichtigte Wirkung.

Schlimmer noch birgt der leichtfertige Umgang mit der geschriebenen Sprache stets die Gefahr, sich ungewollt zu offenbaren oder gar missverstanden zu werden. Zwar transportiert die Sprache eines Textes zunächst reine Information auf der

Sachebene (der ‚natürlichen' Textbedeutung). Darüber hinaus vermittelt sie aber Hinweise, die weitergehende, emotionale Rückschlüsse auf den Absender erlauben (die ‚nicht-natürliche' Textbedeutung). Es sind – gemäss dem Kommunikationsmodell von Friedemann Schulz von Thun (2017) – Rückschlüsse auf …

- den Charakter des Absenders (Selbstoffenbarungsebene)
- die Einstellung des Absenders zu den Empfängern (Beziehungsebene)
- die Kommunikationsziele des Absenders (Appellebene)

Schreiber sind sich oft nicht bewusst, dass sie in ihren Texten über die Sachebene hinausgehende Hinweise vermitteln und sich damit dem Text ausliefern. Doch sind die Hinweise auf der Selbstoffenbarungs-, Beziehungs- und Appellebene für die Wirksamkeit eines Textes ebenso entscheidend wie die auf der Sachebene vermittelten Informationen (vgl. Abb. 1.1).

Der Mechanismus, dem folgend der Leser die ‚nicht-natürliche Bedeutung' zwischen den Zeilen erkennt, ist in Abschn. 1.4 beschrieben.

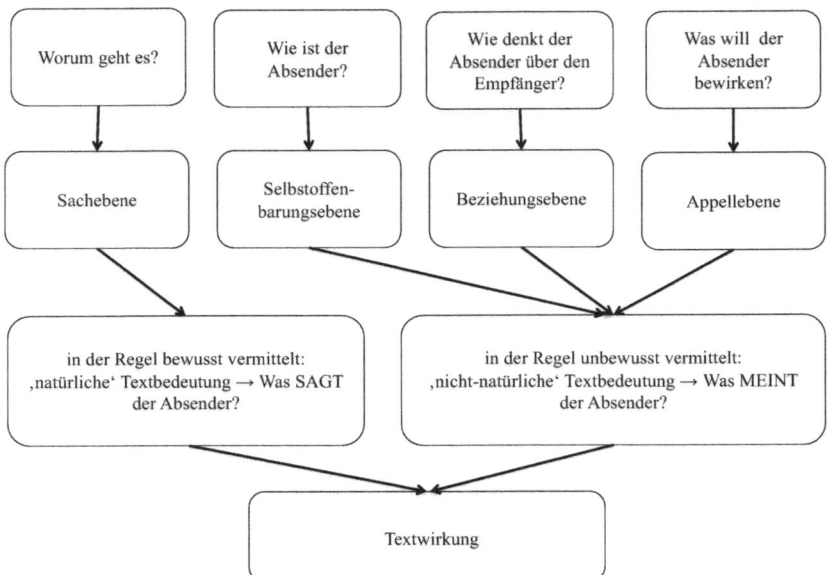

Abb. 1.1 Die Komponenten, welche die Wirksamkeit eines Textes bestimmen. (Quelle: eigene Darstellung)

1.3 Dem eigenen Text ausgeliefert

Beispiele: Einen Eindruck solch verborgener Hinweise geben die beiden nächsten Textbeispiele.

(1) Das folgende Stelleninserat sucht eine Leitungsperson für die Schule einer Schweizer Gemeinde:

Unsere Gemeindeschule ist Bildungsort für Kinder und Jugendliche auf Kindergarten-, Primar-, Real- und Sekundarstufe. Für die künftige Leitung unserer Institution suchen wir eine integrative und empathische Persönlichkeit für die Position als
Schulleiter/in
Ihre Aufgaben: In dieser wichtigen Funktion tragen Sie die Verantwortung für die operative Führung der Gemeindeschule. Im Zentrum steht die Umsetzung der strategischen Vorgaben der Schulkommission im pädagogischen, personellen, finanziellen sowie administrativen Bereich. Mit überdurchschnittlichem Einsatz kümmern Sie sich um die Qualitätssicherung der Schule und investieren täglich in die innovative Weiterentwicklung der Bildungsstätte. Die Wahrnehmung eines Unterrichtspensums hilft Ihnen, die Anliegen der Schüler sowie Lehrpersonen zu verstehen und an der Basis mitzuwirken.
Was Sie mitbringen: Sie verfügen über eine pädagogische Grundausbildung, die Sie mit einer adäquaten Weiterbildung ergänzt haben. Als erfahrene Führungspersönlichkeit kennen Sie die Herausforderungen einer modernen Volksschule. Sie sind eine loyale, integrative, mit hoher Sozialkompetenz ausgestattete Persönlichkeit und legen viel Wert auf Toleranz sowie gegenseitigen Respekt und schätzen den persönlichen Charakter der Gemeinde.
Wir bieten Ihnen: Diese Funktion, in einer Region mit einer enormen Lebensqualität, bietet mehr als eine alltägliche Aufgabe. Es erwartet Sie eine interessante, vielseitige Herausforderung in einer modern geführten Schule.

Die Information – etwa das Stellenprofil – ist klar und verständlich. Gewisse stilistische Eigenheiten lassen jedoch weitergehende Rückschlüsse zu. Hierzu gehören unter anderem ...

- zahlreiche abstrakte Substantive anstelle konkreter Verben: so etwa *Sie (tragen) die Verantwortung für die operative Führung unserer Gemeindeschule* statt *Sie führen die Grundschule operativ* oder *Mit überdurchschnittlichem Einsatz kümmern Sie sich um die Qualitätssicherung der Schule* statt *Mit grossem Einsatz sichern Sie die Qualität der Schule.*
- gehäufte Adjektive, die zudem gerne pleonastisch verwendet sind: vgl. so Steigerungsformen wie *überdurchschnittlich* oder pleonastische Angaben wie *integrativ und empathisch*, *integrativ (und) mit hoher Sozialkompetenz ausgestattet* und *interessant (und) vielseitig* (jeweils pleonastisch, da die eine Eigenschaft die andere voraussetzt)

Dieses Inserat wirkt distanziert und fordernd. Es kann so nicht den erwarteten Erfolg haben – zumal die verborgenen Hinweise auf hierarchische Strukturen gerade Kandidaten verärgern, die auf Selbstständigkeit Wert legen.

(2) Ein Verkehrsunternehmen teilt in einer Medienmitteilung mit:

Bahnhof XY: Personelle Präsenz wird angepasst.
Die Billettschalter am Bahnhof XY werden künftig im Winter nicht mehr bedient sein. Im Sommer bleiben die Öffnungszeiten unverändert. Die Anpassungen sind auf grosse saisonale Schwankungen der Kundenbedürfnisse und die gesunkenen Umsätze während der Wintermonate zurückzuführen.

Die Mitteilung ist abstrakt und passiv verfasst. Sie lässt den folgenden Verdacht aufkommen: Das Unternehmen will eine Schlagzeile wie „Bahnhof XY: Schalter werden auf Grund von Kundenmangel geschlossen" vermeiden. Denn eine solche Schlagzeile hätte den unangenehmen Sachverhalt unter Umständen allzu direkt auf den Punkt gebracht. Ob der Verdacht berechtigt ist, bleibt ungewiss.

Wir erkennen eine weitere Dimension des leichtfertigen Umgangs mit unserer Sprache: Im Gegensatz zu den in Abschn. 1.2 besprochenen Beispielen vermitteln die obigen Textpassagen (1) und (2) zwar die gewünschte Information. Doch daneben übermitteln sie verborgene Hinweise, die ungewollt …

- entweder die tatsächliche Geisteshaltung des Verfassers entlarven wie in Textbeispiel (1),
- oder auf eine vermeintliche Geisteshaltung des Verfassers schliessen lassen wie in Textbeispiel (2).

In beiden Fällen sind die Folgen verhängnisvoll: Die Verfasser sind ihren eigenen Texten ausgeliefert. Der Text verfehlt die beabsichtigte Wirkung und kann grossen Schaden anrichten.

1.4 Wie funktioniert geschriebene Sprache?

Wie gezeigt, unterschätzen viele Schreiber die unterschwellige Wirkung ihres Textes. Das in Abb. 1.1 dargestellte Schema lässt sich also folgendermassen ins Gegenteil wenden (Abb. 1.2):

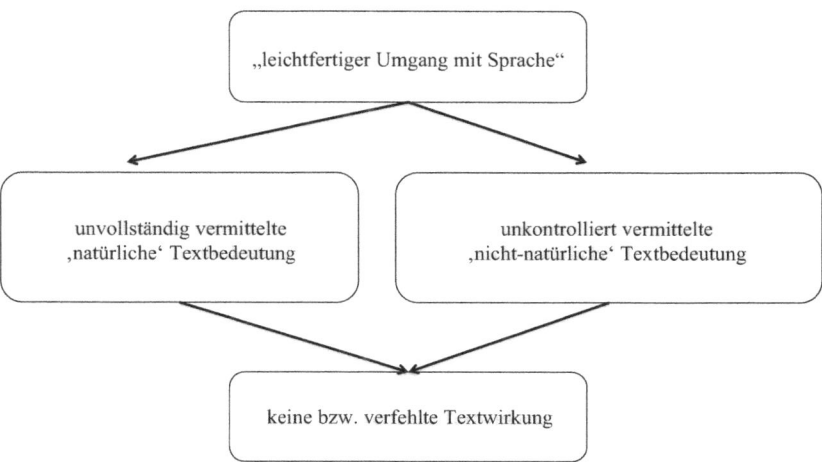

Abb. 1.2 Ursachen für die Wirkungslosigkeit bzw. verfehlte Wirkung eines Textes. (Quelle: eigene Darstellung)

Viele Schreiber haben sich damit abgefunden, dass ihre Texte nicht die gewünschte Wirkung zeigen. Ob ein Text seine Inhalte und Botschaften erfolgreich vermittelt, wird zur „Glückssache" erklärt. Doch ist Schreiben wirklich „Glückssache"? – Nein! Denn der kontrollierte, zielführende Umgang mit Sprache und Texten lässt sich bis zu einem hohen Grad erlernen und trainieren.

Der erste Schritt, dieser allgemeinen Sprachlosigkeit entgegenzusteuern, besteht in einer Rückbesinnung auf den eigentlichen Zweck sprachlicher Kommunikation. Hierbei hilft das in Abb. 1.3 gezeigte verständigungsorientierte Kommunikationsmodell, das die Vorgänge (den Kommunikationsprozess) zwischen Schreiber und Leser illustriert:

Zweck der geschriebenen Sprache ist es, die Mitteilung des Schreibers möglichst verständlich zum Leser zu transportieren. Die Kommunikation ist dann geglückt, wenn …

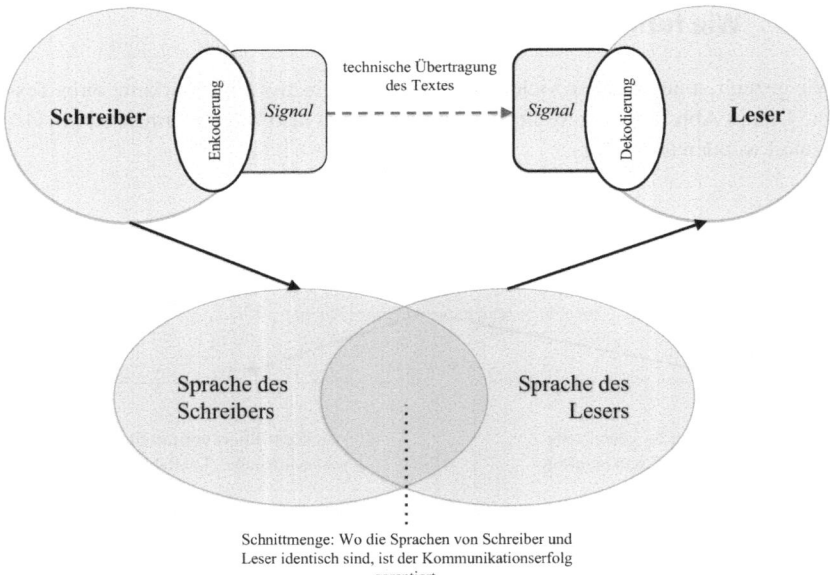

Abb. 1.3 Das verständigungsorientierte Kommunikationsmodell zwischen Schreiber und Leser. (Quelle: eigene Darstellung)

1.4 Wie funktioniert geschriebene Sprache?

- der Leser erstens alle Informationen erhält, die der Schreiber ihm vermitteln will (der Text also die ‚natürliche Textbedeutung' im Sinne des Schreibers transportiert).
- der Leser sich zweitens ein wirklichkeitsnahes Bild des Schreibers macht (der Text also die ‚nicht-natürliche Textbedeutung' im Sinne des Schreibers transportiert).

Gemäss Abb. 1.3 oben dient der Text beziehungsweise seine Sprache als Code zwischen Schreiber und Leser. Dabei besteht der folgende Zusammenhang:

- Je unterschiedlicher die Sprache des Schreibers und die Sprache des Lesers sind (bzw. je kleiner ihre Schnittmenge), desto geringer ist der Kommunikationserfolg.
- Je identischer die Sprache des Schreibers und die Sprache des Lesers sind (bzw. je umfassender ihre Schnittmenge), desto grösser ist der Kommunikationserfolg.

Wie gehen wir als Schreiber sicher, eine Sprache zu verwenden, die sich möglichst mit der Sprache des Lesers deckt? Die Antwort lautet: indem wir uns für eine Sprache entscheiden, die allgemein verständlich ist. Eine allgemein verständliche Sprache richtet sich nach der Fähigkeit des Menschen, geschriebene Sprache aufzunehmen und zu verarbeiten. Dabei wird sich im Verlaufe dieses Buches erweisen, dass diese Fähigkeit durchaus begrenzt ist.

Es ist der Sprachphilosoph Herbert Paul Grice, der seinerzeit grundsätzliche Vorgaben für eine allgemein verständliche Sprache formuliert hat (Grice 1975). Seine vier Kommunikationsmaximen lauten:

- Maxime der Quantität: „Versuche, den nötigen Informationsgehalt zu vermitteln!"
  a. Mache deinen Beitrag so informativ wie nötig.
  b. Mache deinen Beitrag nicht informativer als nötig.
- Maxime der Qualität: „Versuche, deinen Beitrag so zu gestalten, dass er wahr ist!"
  a. Sage nichts, was du für falsch hältst.
  b. Sage nichts, wofür dir angemessene Gründe fehlen.
- Maxime der Relevanz: „Sei relevant!"
  a. Sage, was im Allgemeinen zum Thema gehört.
  b. Sage nichts, was im Allgemeinen nicht zum Thema gehört.
- Maxime der Modalität: „Sei klar!"
  a. Vermeide Dunkelheit des Ausdrucks.
  b. Vermeide Mehrdeutigkeit.
  c. Sei kurz. (Vermeide unnötige Weitschweifigkeit.)
  d. Der Reihe nach!

Diese Maximen steuern vor allem die ‚nicht-natürliche' Bedeutung eines Textes. Scheinen die Maximen in einem Text verletzt, geht der Leser gemäss dem von Grice angenommenen ‚Kooperationsprinzip' vor: Der Leser ...

- unterstellt erstens, dass der Verfasser die Maximen bewusst verletzt hat und ihm auf diese Weise etwas mitteilen will.
- beginnt in der Folge zweitens, ‚zwischen den Zeilen zu lesen' beziehungsweise eine ‚nicht-natürliche' Bedeutung zu ergänzen – und versucht so, der vermeintlichen Mitteilungsabsicht des Verfassers auf die Spur zu kommen.

Die folgende Abb. 1.4 illustriert die Zusammenhänge.

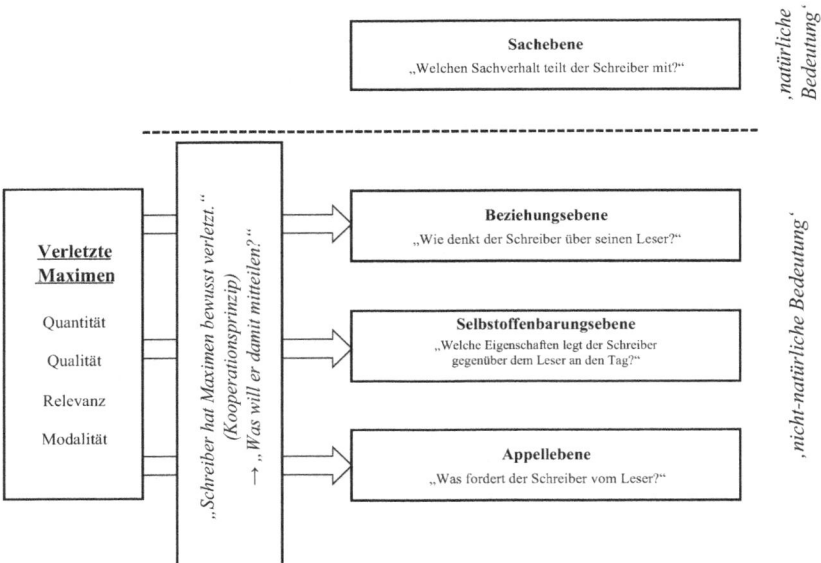

Abb. 1.4 Kommunikationsmaximen und ‚nicht-natürliche' Textbedeutung. (Quelle: eigene Darstellung)

1.4 Wie funktioniert geschriebene Sprache?

Die Rückbesinnung auf die Funktion sprachlicher Kommunikation lehrt uns folglich, das Augenmerk auf die Verständlichkeit unseres Textes zu richten. Sprachliche Verständlichkeit ist daher der Leitsatz beruflichen Schreibens – und das Thema dieses Buches.

> **Beispiele:** Die folgenden Textpassagen verstossen gegen die Kommunikationsmaximen.
>
> (1) Ein regionales Bahnunternehmen verkündet im Leadtext einer Medienmitteilung Streckensperrungen:
>
> *Streckensperrungen wegen Tunnelsanierung*
> *Die XY Bahn investiert jährlich rund 100 Millionen Franken in den Erhalt und die Erneuerung ihrer Infrastrukturanlagen. Ein Grossteil der Arbeiten wird so geplant, dass der Zugverkehr nicht beeinflusst wird, indem beispielsweise während der Nacht oder in Zugspausen gearbeitet wird. Für den Teilersatz des Tunnels auf der Westlinie und die Sanierung des Tunnels auf der Ostlinie müssen allerdings Strecken gesperrt respektive umfahren werden: ...*
>
> Der Leadtext verletzt die Maximen der Quantität und Relevanz. Denn die Hinweise auf das Investitionsvolumen sowie die Ausführung der Arbeiten machen den Leadtext überlang und lenken von der eigentlichen Information ab: den Streckensperrungen. Das Kooperationsprinzip beziehungsweise die Annahme, der Schreiber habe die beiden Maximen bewusst verletzt, führt zu folgendem Schluss: Das Bahnunternehmen will dem Eindruck entgegenwirken, die Streckensperrungen seien grundsätzlich vermeidbar.
>
> (2) Ein Finanzinstitut vermeldet via Medienmitteilung die folgende Einschätzung:
>
> *Die Schweizer Pensionskassen reagieren auf die demographische Entwicklung und die volatilen Märkte, indem sie ihre Anlagestrategie sowie das Rücktrittsalter anpassen. Während die Kapitalrenditen in den letz-*

> *ten Jahren stark gelitten haben, hat die Risikoneigung der Kassen zugenommen. Die aktuelle Finanzierungssituation der Pensionskassen bleibt bei rund 110 Prozent stabil. Dennoch akzentuiert sich das Ungleichgewicht von aktiv Versicherten und Rentnern weiter. Zur langfristigen Erhaltung der finanziellen Stabilität ist in Zukunft mit weiteren Leistungssenkungen zu rechnen.*
>
> Die Information verstösst gegen die Maximen der Quantität und Modalität. Die Kernaussage, wonach mit Leistungssenkungen zu rechnen sei, folgt erst im letzten Satz. Zudem verdunkeln Formulierungen wie *das Ungleichgewicht von aktiv Versicherten und Rentnern akzentuiert sich weiter* die Aussage. Gemeint ist konkret, dass immer weniger Arbeitnehmer die Renten für Pensionierte zahlen. Das Kooperationsprinzip beziehungsweise die Annahme, der Schreiber habe die beiden Maximen bewusst verletzt, führt zu folgendem Schluss: Die Bank will keine Unruhe aufkommen lassen – obschon Anlass zur Sorge bleibt.

Literatur

Ballod, Matthias. 2020. *Klar-text in Organisationen. Ein Ratgeber zur Optimierung administrativer Informationen.* Wiesbaden: Springer, S. 15–27.

Ebert, Helmut/Fisiak, Iryna. 2018. *Bürgerkommunikation auf Augenhöhe: Wie Behörden und öffentliche Verwaltung verständlich kommunizieren können. 3., überarbeitete Auflage.* Wiesbaden: Springer Gabler, S. 19–33.

Fischer, Sylvia. 2011. *Verständlichkeit von Bedienungsanleitungen. Dysfunktionale Rezeption von Instruktionen.* Inauguraldissertation Johannes Gutenberg-Universität Mainz, Mainz, S. 49–198.

Grice, Herbert Paul. 1975. „Logic and Conversation". In: P. Cole/J.L. Morgan (eds.). *Speech acts. Syntax and Semantics, Vol. 3.* New York/San Francisco/London: Academic Press, S. 41–58.

Hajnal, Ivo. 2011. „Corporate Language als Qualitätsgarant. Über die Bedeutung einer ganzheitlichen Unternehmenssprache". In: M. Hasenbeck/E. Wolf (Hrsg.). *Corporate Books. Unternehmensliteratur als Markenbotschafter.* Gabler Verlag: Wiesbaden, S. 141–149.

Pastoors, Sven/Meyer, Lars. 2020. *Das Konzept „Starke Sprache". Wie Sie mit klaren, wirksamen Formulierungen Ihre Ziele erreichen.* Wiesbaden: Springer, S. 1–3.

Schulz von Thun, Friedemann. 2017. *Miteinander reden. Störungen und Klärungen. Psychologie der zwischenmenschlichen Kommunikation. 54. Auflage.* Reinbeck bei Hamburg: Rowohlt.

Verständlich schreiben – das oberste Gebot

2.1 Verständlichkeit belohnt den Leser

Wie in Abschn. 1.4 gezeigt, ist Sprache ein Code für unsere Informationen, Wünsche, Gefühle und von vielem anderem mehr. Aus diesem Grund ...

1. wollen wir auf der Sach-, Beziehungs-, Selbstoffenbarungs- und Appellebene gemäss Abschn. 1.3 ‚verstanden' werden, wenn wir sprachlich kommunizieren.
2. will unser Kommunikationspartner auf denselben Ebenen reibungslos ‚verstehen', was wir ihm mitzuteilen versuchen.

Nicht nur aus Sicht der Kommunikationswissenschaft, sondern ebenso aus Sicht der Medienwirkungsforschung spricht alles dafür, der Textverständlichkeit besonderes Gewicht beizumessen: Nach dem „Uses and gratifications"-Ansatz benutzt der Leser unseren Text aktiv und sinnorientiert gemäss seinen eigenen Bedürfnissen (s. Katz et al. 1974): so etwa zum Zweck der Meinungsbildung, zur Informationsbeschaffung, zur Unterhaltung und zu anderem mehr.

Je schwerer verständlich unser Text abgefasst ist, desto weniger ‚belohnen' wir den Leser für seine Aufmerksamkeit und seine Anstrengungen. Umgekehrt gilt: Je verständlicher unser Text abgefasst ist, desto grösser fällt die „Belohnung" des Lesers aus. Denn ...

- der Leser muss keinerlei sprachliche Hürden überwinden (und steigt direkt in den Text ein). Der Text ist somit leserfreundlich.
- der Leser wird von uns durch den Text geführt (und verbraucht weniger geistige Energie). Der Text ist somit logisch.

- der Leser gelangt schneller zu den gewünschten Informationen (und spart wertvolle Zeit). Der Text ist somit präzise.
- der Leser empfindet den Text in seiner sprachlichen Form als erfrischend (und bleibt aufmerksam). Der Text ist somit anregend.

Beispiele: Die folgenden Textpassagen sind schwer verständlich.

(1) Vor allem von werberischen Texten erwartet der Leser eine rasche ‚Belohnung'. Diesem Anspruch wird der folgende Text auf der Website eines Immobiliendienstleisters nicht gerecht:

Klare Strukturen vermitteln Ihnen als Kunde völlige Transparenz zum Angebot und Flexibilität bei der Wahl der Dienstleistungen. Indem wir nahezu alle Leistungen rund um die Immobilie mit eigenen Spezialisten abwickeln, gewährleisten wir Ihnen beste Qualität, aktivieren Optimierungspotenziale und nutzen Synergien.

Die Anhäufung von Fremdwörtern (z. B. *aktivieren Optimierungspotenziale*) ist leserfeindlich (s. Abschn. 3.2.2). Gleiches gilt für die geballten Abstrakta (z. B. *Transparenz zum Angebot und Flexibilität bei der Wahl der Dienstleistungen*; s. Abschn. 3.2.4). Schliesslich vernichten Floskeln wie *Synergien nutzen* den letzten Anflug von Anreiz (s. Abschn. 6.3.2).

(2) Eine Bank ist voll des Lobes über ihre Lernräume:

Innovative Lernräume
Optimale Voraussetzungen zum Lernen bieten innovative Lernräume – physische und virtuelle.

- *Unsere neu eröffnete ‚Flagship'-Location … bietet architektonisch neue Möglichkeiten u. a. für Workshops, Learning Labs oder Impulsveranstaltungen.*
- *In der virtuellen Academy werden Lerninhalte modern in Form von WBT (hochwertige webbasierte Trainings), Gamification und „Wis-*

> sen verorten" vermittelt. Auch Social-Media-Elemente sind Teil des Lernerlebnisses, das von Interaktion und Feedback geprägt ist.
>
> Die geballten Fremd- und Fachwörter (z. B. *Interaktion und Feedback*) sind leserfeindlich (s. Abschn. 3.2.2). Sie halten beim Leser die ‚Belohnung' wie die Vorfreude auf die neuen Räume in engen Grenzen.

▶ **Regel** Schreiben Sie verständlich! Denn Ihr Leser verspricht sich von der Lektüre Ihres Textes einen persönlichen Gewinn.

2.2 Verständlichkeit ist messbar

Wie gesagt: Ein verständlicher Text ‚belohnt' die Leser. Ein weiterer, nicht zu unterschätzender Vorteil: Textverständlichkeit ist zumindest ansatzweise messbar. Demnach ist die Beurteilung eines Textes nach seiner Verständlichkeit viel objektiver, als sie es nach anderen, subjektiven Kriterien sein kann. (Das häufigste subjektive Kriterium zur Textbeurteilung ist das persönliche Stilempfinden.)

Zur Messung der Verständlichkeit eines Textes bietet die Sprach- und Kommunikationswissenschaft beispielsweise sogenannte „Verständlichkeitsformeln" an. Diese Formeln berücksichtigen inzwischen eine Vielzahl sprachlicher Charakteristika eines Textes; ihr Bemessungsraster (die Konstanten) beziehen sie aus empirischen Untersuchungen (meist Lesetests mit repräsentativen Versuchspersonen).

Die gegenwärtig wohl ausgefeilteste Formel ist der „Hohenheimer Verständlichkeitsindex" (Brettschneider 2019). Er integriert unterschiedliche Verständlichkeitsformeln und analysiert einen Text darüber hinaus unter anderem nach den folgenden Messgrössen:

- die mittlere Wortlänge; ferner die Anzahl einsilbiger Wörter, die Anzahl von Wörtern mit drei oder mehr Silben, die Anzahl von Wörtern mit mehr als sechs Buchstaben
- die mittlere Satzlänge
- der Anteil an Satzteilen mit mehr als zwölf Wörtern
- der Anteil an Sätzen mit mehr als 20 Wörtern

Verständlichkeitsformeln wie der Hohenheimer Verständlichkeitsindex sind einfach zu handhaben und bieten dem Verfasser eines Textes erste qualitative Anhaltspunkte. Sie sind in der Vergangenheit allerdings beanstandet worden. Die drei wesentlichen Kritikpunkte lauten: Verständlichkeitsformeln ...

- führen zu allzu simplen Empfehlungen wie „kurze Wörter verwenden, kurze Sätze formulieren", die einem anspruchsvollen Text nicht gerecht werden.
- sind nicht systematisch aufgebaut und liefern daher keinen ganzheitlichen Überblick über die Massnahmen sprachlicher Verständlichkeit.
- eignen sich nicht dazu, die inhaltliche Kohärenz eines Textes zu messen.

Diese Kritikpunkte sind zweifellos berechtigt. Dennoch bieten Verständlichkeitsformeln einen wesentlichen Vorteil: Sie liefern empirisch nachgewiesene Empfehlungen und beruhen damit – anders als übliche Stilratgeber – auf einer objektiven Grundlage.

▶ **Regel** Schreiben Sie verständlich! Denn Verständlichkeit lässt sich – zumindest teilweise – objektiv messen.

2.3 Vier Anforderungen, die ein Text erfüllen muss

Wir haben bisher festgehalten, dass ...

- unser Text verständlich sein muss, da wir schliesslich auf allen Ebenen sprachlicher Kommunikation ‚verstanden' werden wollen.
- unser Leser bei der Lektüre eines leicht verständlichen Textes schneller zur erwarteten ‚Belohnung' gelangt.
- Verständlichkeit ein objektives Kriterium bei der Beurteilung von Texten darstellt.

Es stellt sich damit die Frage: Welche Massnahmen steigern ganzheitlich und systematisch die Verständlichkeit unserer Sprache?

Die gängigen Verständlichkeitsformeln (s. Abschn. 2.2) geben erste, jedoch wenig systematische Hinweise zur Gestaltung verständlicher Texte. Einen ganzheitlicheren Ansatz liefern die Psychologen I. Langer, F. Schulz v. Thun und R. Tausch seit den 1970er-Jahren (Langer et al. 1974 sowie 2019). Grundlage ihres sogenannten „Hamburger Modells" bildeten seinerzeit systematische Leserbefragungen. In diesen Befragungen hatten die Testleser jeweils unterschiedliche Texte subjektiv nach Kriterien zu bewerten, die den Psychologen für die Verständlichkeit relevant erschienen. Im Verlaufe der Lesetests ergab sich eine Liste von zahlreichen Merkmalen, die sich insgesamt in vier Dimensionen sprachlicher Verständlichkeit gliedern liessen:

1. Dimension 1: Leserfreundlichkeit
2. Dimension 2: Logik
3. Dimension 3: Präzision
4. Dimension 4: Anreiz

Bei diesen Dimensionen handelt es sich um dieselben Anforderungsstufen, die wir bereits in Abschn. 2.1 anhand des „Uses and gratifications"-Ansatzes erarbeitet haben.

In der folgenden tabellarischen Darstellung der einzelnen Anforderungsstufen haben wir die im Hamburger Modell angeführten Kriterien sprachlicher Verständlichkeit deutlich strukturiert. So verteilen wir die Kriterien auf eine Wortebene, eine Satzebene sowie eine Textebene. Dabei bezieht sich …

1. die Wortebene auf Massnahmen beziehungsweise Verstösse, die ein Einzelwort betreffen.
2. die Satzebene auf Massnahmen beziehungsweise Verstösse, die einen Satzteil aus mehreren Einzelwörtern oder einen Einzelsatz betreffen.
3. die Textebene auf Massnahmen beziehungsweise Verstösse, die mindestens zwei Einzelsätze betreffen.

Damit lassen sich die Anforderungsstufen beziehungsweise die darin enthaltenen Kriterien des Hamburger Modells wie in der folgenden Abb. 2.1 darstellen:

2.4 Unsere Checkliste zur Textproduktion und Textoptimierung

Das in Abschn. 2.3 vorgestellte Modell bietet wesentliche Hinweise, die für die Schreibpraxis nützlich sind. Doch wird es den Anforderungen eines praxisnahen Schreibtrainings für geübte Schreiber nicht vollständig gerecht. Denn es lässt offen, …

- welche Verstösse gegen die sprachliche Verständlichkeit den vier Anforderungsstufen zugerechnet werden.
- in welchem Umfang diese Verstösse von geübten Schreibern – also Schreibprofis in Medien und Unternehmenskommunikation – begangen werden.

1. Anforderungsstufe: Leserfreundlichkeit

anzustreben sind:		zu vermeiden sind:
geläufige Wörter, konkrete Begriffe	WORT	ungeläufige Wörter, abstrakte Begriffe
kurze Sätze	SATZ	verschachtelte Sätze
nachvollziehbarer Text	TEXT	abwegiger Text

2. Anforderungsstufe: Logik

anzustreben sind:		zu vermeiden sind:
folgerichtige Sätze	SATZ	zusammenhangslose Sätze
Text, der den Leser führt	TEXT	Text, der den Leser sich selbst überlässt

3. Anforderungsstufe: Präzision

anzustreben sind:		zu vermeiden sind:
treffende Wörter	WORT	austauschbare Wörter
schlanke Sätze	SATZ	überladene Sätze
geradliniger Text	TEXT	abschweifender Text

4. Anforderungsstufe: Anreiz

anzustreben sind:		zu vermeiden sind:
anregende Wörter	WORT	herkömmliche Wörter
abwechslungsreicher Satzrhythmus	SATZ	eintöniger Satzrhythmus
packende Textdramaturgie	TEXT	nicht erkennbare Textdramaturgie

Abb. 2.1 Die sprachlichen Anforderungsstufen der Textverständlichkeit nach dem Hamburger Modell in weiterentwickelter Form. (Quelle: eigene Darstellung)

2.4 Unsere Checkliste zur Textproduktion und Textoptimierung

Um diese beiden Fragen zu klären, führten wir in den Jahren 1997 bis 1999 einen ersten Feldversuch in vier Schritten durch:

- Erster Schritt: In einer ersten Versuchsreihe hatten 74 Kommunikationsfachleute (und daher geübte Schreiber) im Rahmen eines Public-Relations-Diplomkurses einen Pressetext sowie eine Rede zum gleichen Thema zu verfassen. Die insgesamt 138 Texte wurden auf Verstösse gegen Grammatik und Textverständlichkeit untersucht.
- Zweiter Schritt: Die dabei festgestellten Verstösse gegen die sprachliche Verständlichkeit wurden den vier Anforderungsstufen des Hamburger Modells zugeordnet.
- Dritter Schritt: Sofern die Verstösse bei den Testpersonen gehäuft auftraten, wurden sie in eine Checkliste zur Textproduktion und Textoptimierung aufgenommen. Diese Checkliste ist übersichtlich in der folgenden Abb. 2.2 dargestellt. Sie bildet die Grundlage unseres Schreibtrainings.
- Vierter Schritt: Die in der Checkliste aufgeführten Verstösse wurden einerseits mit den Ergebnissen der empirischen Lesbarkeits- und Verständlichkeitsforschung abgeglichen; andererseits mit den Empfehlungen klassischer Stillehren.

Die Checkliste ist dabei kein statisches Instrument. Seit Beginn der 2000er-Jahre wird sie vielmehr in regelmässigen Schreibtests im Rahmen von Lehrgängen kontinuierlich geprüft und bei Bedarf modifiziert. Die Datenbasis erfasst inzwischen gegen 1800 Schreibtests von Kommunikationsfachleuten. Sie garantiert die Aktualität und den Praxisnutzen der Checkliste für Schreibprofis.

Vor diesem Hintergrund bieten unsere Checkliste und ihre Empfehlungen entscheidende Vorteile. Checkliste wie Empfehlungen ...

- sind auf die Bedürfnisse von Schreibprofis ausgerichtet.
- stützen sich auf experimentelle Resultate aus Lesbarkeits- und Verständlichkeitsforschung ab.
- sind daher objektivierbar und nicht primär subjektiv-stilistisch begründet.
- entsprechen den weithin akzeptierten Stilprinzipien für verständliches Deutsch.
- werden regelmässig aktualisiert.

Die relative Häufigkeit der einzelnen Verstösse ist in den ausführlicheren Checklisten unter den Abbildungen in Abschn. 3.1, 4.1, 5.1 und 6.1 angegeben. Sie errechnet sich aus dem Durchschnitt der Häufigkeit, wie sie in der ersten Versuchsreihe beziehungsweise in einer zweiten Versuchsreihe festgestellt worden ist.

Nr.	Verstoss („Was ist zu vermeiden?")	Empfehlung („Was zeichnet unseren Text aus?")
1. Leserfreundlichkeit		
1.1.1	• nicht erklärte Abkürzungen und Namen • unklare Fachbegriffe • häufige Synonyme	• erläuterte Abkürzungen und Namen • ‚eingedeutschte' oder erläuterte Fachbegriffe • einheitliche Terminologie
1.1.2	• ohne Mehrwert oder falsch verwendete Fremdwörter	• korrekt verwendete Fremdwörter mit Mehrwert
1.1.3	• unübersichtliche Reihenbildungen oder Augenblickskomposita	• übersichtliche Wörter
1.1.4	• gehäufte abstrakte Substantive	• konkrete Verben
1.2.1	• umfangreiche Satzklammern • missverständliche Wortstellung	• kompakte Satzklammern • klare Wortstellung
1.2.2	• überlange Nominalgruppen oder Klemmkonstruktionen • verschachtelte Haupt- und Nebensätze	• übersichtliche Nominalgruppen und Klemmkonstruktionen • aneinandergereihte Haupt- und Nebensätze
1.2.3	• passive Verben	• aktive Verben
1.3.1	• nur durch Zusatzvermutungen verständliche Textpassagen	• ein einfaches Textverständnis
2. Logik		
2.1.1	• fehlende oder unlogische Satzanschlüsse durch Konjunktionen • missverständliche oder falsche Satzanschlüsse durch Pronomen	• stimmige Satzanschlüsse durch Konjunktionen • eindeutige Satzanschlüsse durch Pronomen
2.1.2	• unstimmige Zeitenfolgen • falsch gebildete Konjunktive der indirekten Rede	• richtige Zeitenfolgen • korrekt verwendeter Konjunktiv I
2.2.1	• fehlende Informationen	• angemessene Informationsgestaltung
2.2.2	• Gedankensprünge (v.a. ein fehlender Zwischengedanke)	• logische Gedankenreihung

Abb. 2.2 Unsere Checkliste zur Textproduktion und Textoptimierung. (Quelle: eigene Darstellung)

2.4 Unsere Checkliste zur Textproduktion und Textoptimierung

3. Präzision

3.1.1	• überflüssige Modalverben und Modalpartikel	• kein Wortballast	
	• „Allerweltswörter" und Indefinita	• präzise Wortwahl	
3.1.2	• ungerechtfertigte Übertreibungen (Superlative)	• gemässigte Ausdrucksweise	
3.1.3	• semantisch unzutreffende Begriffe	• treffende Wortwahl	
3.2.1	• pleonastische Ausdrücke (Pleonasmen und Tautologien)	• gezielt verwendete Adjektive, straffe Ausdrucksweise	
3.2.2	• überlange Sätze	• portionierte Aussagen	
3.3.1	• unnötige Redundanz	• kompakt dargestellte Sachverhalte	
	• keine klare Informationshierarchie	• Hauptsächliches in Hauptsätzen	

4. Anreiz

4.1.1	• Wortgleichklang	• abwechslungsreiche Wortwahl
4.2.1	• monotone Satzstruktur	• abwechslungsreicher Satzbau
4.2.2	• Floskeln	• unverwechselbare Aussagen
4.3.1	• ‚aufgeblasenes' Thema	• angemessene Textlänge

Abb. 2.2 (Fortsetzung)

Die in unserer Checkliste aufgelisteten Massnahmen beziehungsweise Verstösse gelten grundsätzlich für alle Textsorten (Darstellungsformen), die in Journalismus und Unternehmenskommunikation üblich sind: also für …

- Informationstexte: z. B. Medienmitteilungen, Berichte, Reportagen u. a. m.
- argumentierende Texte: z. B. Presseerklärungen, Positionspapiere u. a. m.
- persuasive Texte: z. B. Werbebriefe, Inserate, UX-optimierte Microcopies u. a. m.

Die hier vorgestellte Checkliste zur Textproduktion und Textoptimierung beseitigt zudem zwei Nachteile des Hamburger Modells:

- Das Hamburger Modell weist die jeweiligen sprachlichen Massnahmen den einzelnen Anforderungsstufen recht willkürlich und unsystematisch zu. Unsere Checkliste versucht, diesen Mangel zu beheben: Zu diesem Zweck haben wir die Resultate unseres Feldversuchs einerseits mit empirischen, psycholinguistischen Studien zur Verständlichkeit einzelner sprachlicher Massnahmen verglichen; andererseits mit den Empfehlungen klassischer Stilführer (wie etwa den Empfehlungen der in der Literaturliste genannten Standardwerke von W. Schneider, W. Sanders und anderen). Dadurch ist es gelungen, die bei unseren Versuchspersonen festgestellten Verstösse gegen die Verständlichkeit systematisch zu klassifizieren.
- Das Hamburger Modell gewichtet die einzelnen Empfehlungen beziehungsweise Verstösse nicht nach ihrer Relevanz im Schreiballtag. Unser Feldversuch, der die relative Häufigkeit der einzelnen Verstösse bei der Textproduktion nachweist, beseitigt dieses Manko.

In den folgenden Kapiteln stellen wir die einzelnen Anforderungsstufen beziehungsweise die in der Checkliste vorgesehenen Empfehlungen vor.

Literatur

Ballod, Matthias. 2001. *Verständliche Wissenschaft. Ein informationsdidaktischer Beitrag zur Verständlichkeitsforschung*. Tübingen: Gunter Narr, S. 27–42.

Brettschneider, Frank. 2019. „Verständliche PR-Sprache – Klartext statt Kauderwelsch". In: A. Ternès/M. Englert (Hrsg.), *Digitale Unternehmensführung*. Wiesbaden: Springer, S. 141–155.

Literatur

Christmann, Ursula/Groben, Norbert. 2018. „Verständlichkeit: die psychologische Perspektive". In: Chr. Maaß/I. Rink (Hrsg.), *Handbuch Barrierefreie Kommunikation*, Berlin: Frank&Timme, S. 123–145.

Demarmels, Sascha et al. 2018. *Verständliche Vermarktung von Strom aus erneuerbaren Energien*. Wiesbaden: Springer.

Ebert, Helmut/Fisiak, Iryna. 2018. *Bürgerkommunikation auf Augenhöhe: Wie Behörden und öffentliche Verwaltung verständlich kommunizieren können. 3., überarbeitete Auflage.* Wiesbaden: Springer Fachmedien, S. 39–104.

Heijnk, Stefan. 1997. *Textoptimierung für Printmedien: Theorie und Praxis journalistischer Textproduktion*. Opladen: Westdeutscher Verlag.

Katz, Elihu/Blumler, Jay G./Gurevich, Michael. 1974. "Utilization of mass communication by the individual". In: J.G. Blumler/E. Katz (eds.), *The uses of mass communication: Current perspectives on gratifications research*. Beverly Hills, CA: Sage, 19–32.

Kercher, Jan. 2013. *Verstehen und Verständlichkeit von Politikersprache. Verbale Bedeutungsvermittlung zwischen Politikern und Bürgern*. Wiesbaden: Springer Fachmedien, S. 93–139.

Kilian, Jörg/Niehr, Thomas/Schiewe, Jürgen. 2016. *Sprachkritik: Ansätze und Methoden der kritischen Sprachbetrachtung. 2., überarbeitete und aktualisierte Auflage, Germanistische Arbeitshefte 43.* Berlin: De Gruyter.

Langer, Inghard/Schulz von Thun, Friedemann/Tausch, Reinhard. 1974. *Verständlichkeit in Schule, Verwaltung, Politik und Wissenschaft: Mit einem Selbsttrainingsprogramm zur verständlichen Gestaltung von Lehr- und Informationstexten*. München: Reinhardt.

Langer, Inghard/Schulz von Thun, Friedemann/Tausch, Reinhard. 2019. *Sich verständlich ausdrücken. 11. Auflage*. München: Reinhardt.

Lutz, Benedikt. 2015. *Verständlichkeitsforschung transdisziplinär. Plädoyer für eine anwenderfreundliche Wissensgesellschaft*. Göttingen: V&R unipress.

Röhner, Jessica/Schütz, Astrid. 2020. *Psychologie der Kommunikation. 3. aktualisierte und überarbeitete Auflage, Basiswissen Psychologie*. Berlin/Heidelberg: Springer Fachmedien, S. 27–51.

Sanders, Willy. 2009. *Gutes Deutsch – besseres Deutsch: Praktische Stillehre der deutschen Gegenwartssprache. 5., gegenüber der 4. unveränderte Auflage*. Darmstadt: WBG.

Schmitz, Anke. 2016. *Verständlichkeit von Sachtexten. Wirkung der globalen Textkohäsion auf das Textverständnis von Schülern*. Wiesbaden: Springer VS, S. 9–26.

Schneider, Wolf. 2009. *Deutsch für Profis: Wege zu gutem Stil. 15. Auflage, überarbeitete Taschenbuchausgabe, Goldmann-Taschenbücher, Vol. 16175*. München: Mosaik bei Goldmann.

Teigeler, Peter. 1968. *Verständlichkeit und Wirksamkeit von Sprache und Text*. Stuttgart: Verlag Nadolski.

Leserfreundlichkeit – behandeln Sie den Leser als Freund

3.1 Was ist Leserfreundlichkeit?

Jeder Schreiber ist zur Leserfreundlichkeit verpflichtet. Wie in Abschn. 1.3 gezeigt, verrät ein Text etwas über das Verhältnis des Schreibers zu seinem Leser:

- Nimmt der Schreiber eine gleichgültige Haltung gegenüber dem Leser ein, bemüht er sich nicht um Leserfreundlichkeit. Dem Leser bleibt dies nicht verborgen; im schlimmsten Fall wird er den Text kopfschüttelnd beiseitelegen und sich einer anderen Tätigkeit zuwenden.
- Ist der Schreiber umgekehrt bemüht, dem Leser den Einstieg in die Lektüre zu erleichtern und allenfalls bestehende sprachliche Hemmnisse zu überwinden, wird der Leser diese entgegenkommende Grundhaltung mit erhöhter Aufmerksamkeit belohnen.

Das Wesen der Leserfreundlichkeit wird durch die folgende Gegenüberstellung zweier Mustertexte veranschaulicht, die den Begriff „Raub" umschreiben. Wir haben die beiden Texte der Beispielsammlung von I. Langer, F. Schulz v. Thun und R. Tausch 1974, S. 13 (s. den Literaturverweis in Abschn. 2.3) entnommen:

3 Leserfreundlichkeit – behandeln Sie den Leser als Freund

Text (A)	Text (B)
Was ist Raub? – Raub ist dasjenige Delikt, das jemand, sofern die Intention der rechtswidrigen Aneignung besteht, durch Entwendung eines ihm nicht gehörenden Gegenstandes unter Anwendung von Gewalt oder von Drohungen gegenüber einer anderen Person begeht.	Was ist Raub? – Jemand nimmt einem anderen etwas weg. Er will es behalten. Aber es gehört ihm nicht. Beim Wegnehmen wendet er Gewalt an oder droht dem anderen, dass er ihm etwas Schlimmes antun werde. Dieses Verbrechen heisst Raub.

Der Unterschied zwischen beiden Texten ist augenfällig: Text (B) ist viel leserfreundlicher als Text (A). Betrachten Sie hierzu die folgende Gegenüberstellung:

Text (A)	Text (B)
unnötige Fremdwörter *(Delikt, Intention)*	einfache Alltagswörter
abstrakte Wortwahl *(Entwendung, Aneignung)*	konkrete Wortwahl, viele Verben *(wegnehmen, drohen, antun)*
verschachtelter Satz (in einen Nebensatz eingebetteter Nebensatz)	einfache Hauptsätze
schwierige Nominalgruppe *(... eines ihm nicht gehörenden Gegenstandes unter Anwendung von Gewalt oder von Drohungen gegenüber einer anderen Person ...)*	keine schwierigen Satzkonstruktionen

▶ **Regel** Am Anfang jedes Schreibens steht die Leserfreundlichkeit: Erleichtern Sie den Texteinstieg, beseitigen Sie Lesehemmnisse, behandeln Sie den Leser zuvorkommend.

Wir werden im Folgenden erkennen, dass sich Leserfreundlichkeit durch einfache Massnahmen erreichen lässt. Daher steht die Leserfreundlichkeit am Anfang unseres Schreibtrainings. Eine präzise Übersicht zur Leserfreundlichkeit bietet unsere Checkliste zur Leserfreundlichkeit in der folgenden Abb. 3.1.

3.1 Was ist Leserfreundlichkeit?

Checkliste Leserfreundlichkeit

Nr.	Was zeichnet unseren Text aus?	Was ist zu vermeiden?	Häufigkeit des Verstosses (s. Kapitel 2.4)
1. Leserfreundlichkeit			
1.1.1	• erläuterte Abkürzungen und Namen • ‚eingedeutschte' oder erläuterte Fachbegriffe • einheitliche Terminologie	• nicht erklärte Abkürzungen und Namen • unklare Fachbegriffe • häufige Synonyme	18,5 %
1.1.2	• korrekt verwendete Fremdwörter mit Mehrwert	• ohne Mehrwert oder falsch verwendete Fremdwörter	29,5 %
1.1.3	• übersichtliche Wörter	• unübersichtliche Reihenbildungen oder Augenblickskomposita	18,9 %
1.1.4	• konkrete Verben	• gehäufte abstrakte Substantive	47 %
1.2.1	• kompakte Satzklammern • klare Wortstellung	• umfangreiche Satzklammern • missverständliche Wortstellung	33,2 %
1.2.2	• überlange Nominalgruppen oder Klemmkonstruktionen • aneinandergereihte Haupt- und Nebensätze	• übersichtliche Nominalgruppen und Klemmkonstruktionen • verschachtelte Haupt- und Nebensätze	44,2 %
1.2.3	• aktive Verben	• passive Verben	35,6 %
1.3.1	• ein einfaches Textverständnis	• nur durch Zusatzvermutungen verständliche Textpassagen	122,8 %

Abb. 3.1 Unsere Checkliste zur Leserfreundlichkeit. Die Prozentzahlen beziehen sich auf die Häufigkeit pro Testperson. Beispiel: 30 % bedeutet, dass der betreffende Verstoss im Feldversuch bei 30 % der Texte aufgetreten ist. Zahlen über 100 % geben in diesem Sinne an, dass der Verstoss durchschnittlich in jedem Text des Feldversuchs mindestens einmal nachzuweisen ist. (Quelle: eigene Darstellung)

3.2 Das leserfreundliche Wort

3.2.1 Abkürzungen, Namen und Fachbegriffe, Synonyme – bitte erläutern!

Das Problem
Nummer 1.1.1 der Checkliste behandelt den Gebrauch von Abkürzungen, Namen und Fachbegriffen: Die Verständlichkeit eines Textes sinkt mit der Anzahl ungewohnter oder unbekannter Begriffe. Im Sinne der Leserfreundlichkeit sollten Schreiber daher ...

- Namen stets erläuternd einführen.
- Abkürzungen zu Textbeginn auflösen.
- Fachbegriffe nach Möglichkeit ‚eindeutschen' beziehungsweise auf ‚legitimierte' Leser beschränken.

Abkürzungen, Namen und Fachbegriffe
Es ist ein Gebot der Leserfreundlichkeit, Abkürzungen, Namen und Fachbegriffe einzuführen und zu erklären. Selbstverständlich weiss heute (beinahe) jedermann, dass es sich beim „SMI" um den „Swiss Market Index" handelt oder mit „Joe Biden" der amerikanische Präsident gemeint ist. Dennoch sollten Abkürzungen mindestens einmal ausgeschrieben und Personen mit Vornamen und Titel eingeführt werden. Eine Ausnahme bilden höchstens Publikationen, die für ein Fachpublikum gedacht sind.

Beispiel: Die folgende Pressemitteilung kündigt ein neues Produkt an:

Das integrierte AFP/IPDS Kit für XY ..., ermöglicht die direkte IPDS-Anbindung über SNA oder TCP/IP zu Ihrem Drucker, ohne den Gebrauch zusätzlicher Printserver oder Hardware-Interfaces. Die nativen IPDS SIMM oder DIMM werden einfach in die freien Slots gesteckt, das Gerät gemäss Handbuch konfiguriert und schon drucken Sie den sicheren und schnellen IPDS (Intelligent Printer Data Stream).

Unübersehbar ist ein solcher Text nur für Insider verständlich und wohl auch nur für solche bestimmt. Immerhin: Das Gewissen des Verfassers meldet sich am Schluss des Abschnitts, wo das mehrfach verwendete Kürzel „IPDS" endlich in der Klammer erläutert und ausgeschrieben wird.

3.2 Das leserfreundliche Wort

Eine Anhäufung von Fachbegriffen führt zu leserfeindlichem Fachjargon. Wie die folgenden Beispiele zeigen, grenzt Fachjargon grosse Lesergruppen aus.

Beispiele: Die folgenden Textpassagen enthalten leserfeindlichen Fachjargon.

(1) Ein Einladungsschreiben kündigt eine Podiumsdiskussion zur Frage an, weshalb wissenschaftliche Karrieren von Frauen und Männern oft unterschiedlich verlaufen. Es will demnach ein breites akademisches Publikum ansprechen – doch es strotzt vor Soziologendeutsch: Bezeichnend sind Aussagen wie ...

Unter dem Slogan „Sex und Gender in allen Positionen" machen wir erstens auf die eklatante Untervertretung von Frauen in höheren akademischen Positionen aufmerksam. Denn das biologische Geschlecht (Sex) strukturiert nach wie vor die individuellen Karriereverläufe zu Gunsten von Männern. Zweitens fordert der Slogan die Berücksichtigung von Geschlecht (Gender) als soziale Kategorien in der wissenschaftlichen Lehr- und Forschungspraxis.

„Strukturierte individuelle Karriereverläufe" und „Gender als soziale Kategorie": Ein solches Schreiben ist wenig einladend.

(2) Eine Publikation leitet ein Interview mit dem Satz ein:

Gemeinnütziger Wohnungsbau, Wohnintegrationsangebote und Delogierungsprävention nützen nicht nur denen, die eine günstige Wohnung oder sozialarbeiterische Betreuung erhalten.

Der Text reduziert die Gruppe der Zielleser damit auf ein Fachpublikum. Denn beim Begriff *Delogierungsprävention* wird so mancher interessierte Laie kapitulieren.

> (3) Ein Vertreter kommunaler Unternehmen erläutert in einem Interview die Ergebnisse einer Studie, die den Erwartungen von Bürgern an kommunale Unternehmen nachgeht:
>
> *Der viertwichtigste Nachfrage-Faktor war: Lokales Engagement. Sprich: Das Wir-Gefühl. Wir sprechen hier über Citizen-Value und nicht über Shareholder-Value.*
>
> Übersetzt bedeutet dies: Die Bürger wünschen sich von den kommunalen Unternehmen Engagement vor Ort. Spätestens der Begriff *Citizen Value* verwirrt mehr, als dass er Klarheit schafft.

Daher gilt: Fachjargon muss auf Fachkreise beschränkt bleiben, wo ihn ‚legitimierte' Leser verstehen. Ansonsten sollten Fachbegriffe ihren deutschen Entsprechungen Platz machen. Sind sie in Texten, die sich an ein allgemeines Publikum richten, ausnahmsweise unvermeidlich, dann müssen die Leser ergänzende Informationen erhalten.

Synonyme
Ebenso wie Namen, Abkürzungen und Fachbegriffe müssen Synonyme leserfreundlich verwendet werden. Doch viele Schreiber versuchen krampfhaft, Wortwiederholungen zu vermeiden. Sie erwähnen daher denselben Erzählgegenstand im selben Text unter unterschiedlichen, bedeutungsähnlichen Bezeichnungen (das heisst: mittels Synonymen). Die Folgen für den Leser: Ohne Hintergrundwissen sind die Synonyme dunkel und unklar. Zusätzlich sind viele dieser Synonyme abgedroschen und brauchen mehr Silben als der ursprüngliche Begriff. Einige Beispiele:

die Mainmetropole für „Frankfurt"
der nationale Carrier für die jeweilige einheimische Fluglinie
die Pyrenäenhalbinsel für „Spanien und Portugal"

Zudem gilt gerade in Unternehmenstexten: Eine zu Textbeginn eingeführte Terminologie muss im weiteren Textverlauf beibehalten werden. Die wiederholte Nennung desselben Sachverhalts unter unterschiedlichen Bezeichnungen (Synonymen) stiftet hingegen Verwirrung.

Beispiele: Die folgenden Textpassagen enthalten schwer verständliche Synonyme.

(1) Die Website eines Anbieters von Werbemitteln verkündet:

Wussten Sie, dass Werbeartikel und Give-aways zu den erfolgreichsten Werbemitteln zählen? Forschungen und Befragungen werbetreibender Unternehmen führen als einen der Gründe die lange Nutzbarkeit und tatsächliche Präsenz der Werbemittel an – anders als bei Werbespots oder Plakaten hält der Empfänger das Werbegeschenk selbst in der Hand und behält es im besten Fall auf lange Zeit in seinem Besitz.

Worin besteht der Unterschied zwischen *Werbeartikeln und Give-aways* im ersten Satz sowie *Werbemitteln* im zweiten? – Die Antwort lautet: nirgends. Denn *Werbemittel* ist als Synonym für *Werbeartikel und Give-aways* verwendet, was gehörig verwirrt.

(2) Eine Publikation zu den Bildungsrichtlinien, wie sie in der Bologna-Reform vorgesehen sind, hält fest:

In den vergangenen Jahren haben sich eine ganze Reihe von Klassifikationen herausgebildet, die den Lernprozess in drei bis sechs kognitive Stufen einteilen ... Jede von ihnen ist geeignet, Lernergebnisse zu beschreiben ... Exemplarisch wird im Folgenden die bekannteste kognitive Taxonomie illustriert.

Die Aussage ist schwer verständlich – bis der Leser erkennt, dass *Taxonomie* nichts anderes als ein Synonym für *Klassifikation* ist.

▶ **Regel** Schreiben Sie Abkürzungen aus. Führen Sie Namen und Fachbegriffe ein. Vermeiden Sie unnötigen Fachjargon und zahllose Synonyme. Und achten Sie auf eine konsistente Terminologie.

3.2.2 Fremdwörter: nur mit Mehrwert!

Das Problem
Nummer 1.1.2 der Checkliste behandelt den Gebrauch von Fremdwörtern: Ungebräuchliche Fremdwörter sind grundsätzlich schwerer verständlich als ihre deutschen Entsprechungen. Mehrheitlich nur gebräuchliche Fremdwörter zu verwenden und ansonsten dem gleichwertigen deutschen Wort den Vorzug zu geben, erhöht daher die Textverständlichkeit.

Kriterien für den Gebrauch von Fremdwörtern
In einer globalisierten Gesellschaft hat sich unser Verhältnis zu Fremdwörtern entkrampft. Dennoch gilt die Faustregel: Der Gebrauch eines Fremdworts ist dann fragwürdig, wenn sich derselbe Sachverhalt durch ein treffendes deutsches Wort ausdrücken lässt. Umgekehrt ist der Einsatz eines Fremdworts unbedenklich, wenn dieses eines der folgenden drei Kriterien erfüllt und damit gegenüber seiner deutschen Entsprechung einen deutlichen Mehrwert aufweist:

- Erstens: Das betreffende Fremdwort hat gar keine oder zumindest keine exakte deutsche Entsprechung: so im Falle von *Smartphone* (eigentlich „schlaues Telefon"), *Tablet-PC* (eigentlich „Flachrechner"), *Team* (eigentlich „Gruppe"), *fit* (eigentlich „tauglich"), *fair* (eigentlich „gerecht") und vielen anderen mehr. – Selbstverständlich entwickelt sich Sprache weiter. Professionelle Schreiber sollten das erste Kriterium also mit angemessener Zurückhaltung handhaben. Fremdwörter wie *Event* oder *Wellness* haben zu Beginn ihres Werdegangs keinen Mehrwert besessen. Doch heute unterscheiden sie sich deutlich von ihren deutschen Entsprechungen wie *Anlass* und *Wohlbefinden*.
- Zweitens: Das betreffende Fremdwort ist kürzer, prägnanter und beliebter als seine deutsche Entsprechung: so im Falle von *SMS* gegenüber *Kurznachricht(endienst)*, *App* (für *Application*) gegenüber *Anwendung*, *Sympathie* gegenüber *Zuneigung*, *Fotokopie* gegenüber *Ablichtung* und in vielen weiteren Fällen.
- Drittens: Das betreffende Fremdwort erleichtert die Ableitung. Klassisches Beispiel ist die Reihe *Telefon – telefonieren – telefonisch* (auf Deutsch müsste es heissen: *Fernsprecher – fernsprechen – fernsprecherisch*). Aus jüngster Zeit

3.2 Das leserfreundliche Wort

sind in diesem Zusammenhang etwa die Paare *Google – googeln, Chat – chatten, SMS – simsen* oder *WhatsApp – whatsappen* zu nennen.

Fremdwörter, die einem dieser drei Kriterien entsprechen, weisen einen klaren Mehrwert auf und haben sich in der Umgangssprache durchgesetzt. Wir dürfen solch gebräuchliche Fremdwörter bedenkenlos verwenden.

Fremdwörter und ihre Nachteile
Fremdwörter, die nicht den oben genannten Kriterien entsprechen, weisen keinen Mehrwert auf und schaden dem Text. Denn ungebräuchliche Fremdwörter ...

- sind schwer verständlich und grenzen gewisse Lesergruppen aus.
- verleihen der Aussage mehr Bedeutung und Prestige, als ihr eigentlich zukommt; sie wirken daher angeberisch (s. bereits die Bemerkungen zum Fachjargon in Abschn. 3.2.1).
- verwässern ungewollt eine Aussage oder verschleiern Zusammenhänge.

Beispiele: Die folgenden Textpassagen enthalten Fremdwörter ohne Mehrwert.

(1) Die Sprache der Wirtschaft verrät eine besondere Neigung zu Fremdwörtern. Die folgenden Zitate stammen aus Stelleninseraten. Sie enthalten Fremdwörter, die sich leicht durch eine deutsche Entsprechung ersetzen lassen.

*Unsere Mandantin ... will ... ihre Marktanstrengungen noch präziser auf die Kundenbedürfnisse **fokussieren**.*

Besser: „Unsere Mandantin ... will ... ihre Marktanstrengungen noch präziser auf die Kundenbedürfnisse ausrichten."

*Mit Ihrem Team **initiieren** und **koordinieren** Sie alle Marketing-Aktivitäten im Flottenbereich.*

Besser: „Mit Ihrem Team leiten Sie alle Marketing-Aktivitäten im Flottenbereich ein und steuern diese."

*Sie **evaluieren** neue Bedürfnisse und unterstützen die daraus folgende **Implementierung**.*

Besser: „Sie spüren neue Bedürfnisse auf und unterstützen die entsprechenden Umsetzungsmassnahmen."

*Eine positive Herausforderung in einem jungen, **ambitiösen** Arbeitsklima in einer der **visionärsten Locations** im Zentrum von Zürich.*

Besser: „Eine grosse Herausforderung in einer jungen, anspornenden Arbeitsumgebung an einem zukunftsträchtigen Standort im Zentrum von Zürich."

(2) Ein Industriebetrieb hält auf seiner Website fest:

*Die Erfahrung aus langjährigen Kundenbeziehungen und die dadurch entwickelte technologische Kompetenz fliessen in **innovative** Lösungen ein und **generieren** so einen echten Mehrwert für unsere Kunden.*

Das Verb *generieren* besitzt gegenüber seiner deutschen Entsprechung *schaffen* keinen Mehrwert. Dasselbe gilt für das beliebte Adjektiv *innovativ*, das gegenüber *fortschrittlich, zukunftsweisend* u. ä. keine Vorteile besitzt. Besser: „Unsere Erfahrung ... und Kompetenz fliessen in fortschrittliche Lösungen ein und schaffen einen deutlichen Mehrwert für unsere Kunden."

(3) Ein Software-Unternehmen verkündet im Editorial seines Kundenmagazins:

*Wir schlagen Brücken zwischen dem zeitgemässen Bedürfnis, Mitarbeitenden im Unternehmen wie unterwegs den Zugriff auf Firmendaten nicht nur zu gewähren, sondern dies aktiv zu **pushen**.*

Im ohnehin ungeschickt formulierten Satz bildet das Verb *pushen* den unglücklichen Abschluss. Gemeint ist wohl: „Mitarbeitende haben das zeitgemässe Bedürfnis, in der Firma wie unterwegs auf benötigte Firmendaten zurückzugreifen. Wir unterstützen sie dabei."

(4) Ebenso beliebt wie beliebig ist das Fremdwort *involvieren*. So zitiert ein Hersteller von Büromöbeln einen Experten wie folgt:

*Der Projektverantwortliche war bis zum Schluss **involviert** und somit ein zuverlässiger Begleiter.*

Involviert steht hier wohl für *einbezogen* oder *beteiligt* – und bietet gegenüber seinen deutschen Entsprechungen keinen Mehrwert.

(5) Eine Sportartikelherstellerin informiert ihre Kunden via Newsletter über eine Produkteneuheit:

Drop *am Montag. Der legendäre* **Style** *erreicht Deinen* **Orbit** *in* **Premium-Canvas***.*

Das beiliegende Bild des Produkts macht den Sachverhalt klar – der Text ist in seiner Flut von Marketing-Anglizismen hingegen unverständlich.

Gefahren von Fremdwörtern
Neben den bisher genannten Nachteilen bergen Fremdwörter zusätzliche Gefahren:

- Fremdwörter werden oft beliebt, verlieren ihre präzise Bedeutung und verkümmern zu beliebigen Allerweltswörtern (so beispielsweise im Falle von *Aspekt* oder *innovativ*; s. Abschn. 5.2.1).
- Werden Fremdwörter allzu häufig verwendet, schleift sich ihre Bedeutung in unserem Bewusstsein ab. Die Folge: Wir gebrauchen diese Fremdwörter sinnentstellt oder gänzlich falsch.

> **Beispiele:** Die folgenden Textpassagen dokumentieren den falschen Gebrauch von Fremdwörtern.
>
> (1) Eine Stiftung bekennt auf ihrer Website:
>
> *Nach der Aufbauarbeit der letzten Jahre haben wir unsere Positionierung und Strategie ... reflektiert. An diesem Prozess waren der Stiftungsrat, der Beirat, die Gesundheitsdirektorenkonferenz und die Geschäftsstelle beteiligt. Das Ergebnis ist die vorliegende Strategie ... Unsere Stiftung bleibt eine konsequent für die Konsumentensicherheit einstehende, dynamische und konstruktive Organisation. Sie akzentuiert ihre Schwerpunkte und nimmt neue auf.*
>
> Sowohl *reflektiert* als auch *akzentuieren* sind hierbei unkorrekt verwendet. Erstgenanntes meint korrekt *überdacht* (zu *überdenken*), zweitgenanntes wohl *schärft*.
>
> (2) Die Website eines Hotels behauptet:
>
> *Die Costa Brava gilt als Synonym für Sonne und Strand. Und im Hinterland der Küstenregion nahe den Pyrenäen befindet sich weitere Naturwunder.*

3.2 Das leserfreundliche Wort

Das Fremdwort *Synonym* bezeichnet das *gleichbedeutende Wort,* was hier nicht gemeint sein kann. Der Verfasser will wohl ausdrücken, dass die Costa Brava der *Inbegriff* einer mediterranen Ferienregion ist.

(3) Eine Lokalzeitung verkündet die Schlagzeile:

Billig-Parkplatz-Anbieter ist noch nicht gegroundet

Was damit gemeint ist: Trotz eines Gerichtsurteils hat das Parkplatz-Unternehmen das Feld noch nicht geräumt.

(4) Ein Beratungsunternehmen hält auf seiner Website fest: *Das Kommunikationsmaterial, von der Werbung bis zum Formular, sollte von einheitlicher Qualität sein und in ihrem Charakter die gesamte Organisation mit ihren Zielen glaubhaft und eindeutig widerspiegeln. ... Der Umgang mit der Sprache soll einerseits sensibilisiert werden, andererseits soll die sprachliche Authentizität eines jeden Mitarbeitenden gefördert werden.*

Das Fremdwort *sensibilisieren* bedeutet *empfindsam machen.* Nicht der *Umgang mit der Sprache* soll *empfindsamer gemacht* werden, sondern die Mitarbeiter im Umgang mit der Sprache. Abgesehen davon verweist das Pronomen *ihrem* ins Leere (richtig muss von *seinem Charakter –* dem Charakter des Kommunikationsmaterials – die Rede sein).

Diese Beispiele zeigen, dass viele Schreiber Fremdwörter nicht der Aussage willen, sondern assoziativ wegen ihres Klangbilds auswählen – ein weiteres Symptom der in Abschn. 1.2 beschriebenen Sprachlosigkeit.

▶ **Regel** Verwenden Sie gebräuchliche Fremdwörter mit Mehrwert; suchen Sie bei ungebräuchlichen Fremdwörtern nach der deutschen Entsprechung. Überprüfen Sie vielgehörte Fremdwörter nach ihrer korrekten Bedeutung.

3.2.3 Die übersichtliche Wortgestalt

Das Problem
Nummer 1.1.3 der Checkliste behandelt die übersichtliche Gestaltung deutscher Wörter: Die deutsche Sprache lässt bei der Bildung von Wortableitungen und Wortzusammensetzungen grosse Freiheiten zu. Diese Freiheiten bringen uns in Versuchung, ganze Sachverhalte in ein einziges Wort zu verpacken. Dabei sollten wir jedoch berücksichtigen, dass mehrsilbige Wörter vom Leser mühsamer verarbeitet werden – vor allem dann, wenn es sich um ungeläufige Neubildungen handelt.

Reihenbildungen
Im Deutschen ermöglichen Adjektivendungen (Adjektivsuffixe) die Bildung neuer Wörter in beinahe beliebiger Anzahl. Betrachten Sie die folgenden, charakteristischen Beispiele solcher sogenannter ‚Reihenbildungen' ...

- auf die Endung *-bar*: *die machbare Massnahme* (= die mögliche Massnahme), *der erfüllbare Vertrag* (= der Vertrag, der erfüllt werden kann);
- auf die Endung *-ig*: *die diesseitige Auffassung* (= unsere Auffassung), *die erstmalige Mahnung* (= die erste Mahnung);
- auf die Endung *-mässig*: *die mengenmässige Begrenzung* (= die Begrenzung nach der Menge);
- auf die Endung *-weise*: *die probeweise Anstellung* (= die Anstellung zur Probe) und viele andere mehr.

Leider sind viele dieser Reihenbildungen wenig leserfreundlich: Denn sie weisen mehrere Silben auf, sind ungewohnt und wirken umständlich. Zudem erwecken sie den Eindruck, der Schreiber habe sich für eine gepflegte, schlanke Wortwahl keine Zeit genommen.

3.2 Das leserfreundliche Wort

Beispiele: Die folgenden Texte aus der Tagespresse enthalten unübersichtliche Reihenbildungen, die nicht in einen leserfreundlichen Text gehören:

(1) *Die letzte nicht bereinigte Einsprache wurde vom Einsprecher zurückgezogen, so dass die Zustimmung diskussionslos und grossmehrheitlich erfolgte.*

Statt *grossmehrheitlich* heisst es leserfreundlich *mit grosser Mehrheit*.

(2) *Wenn schneemässig alles gut läuft, könnte eventuell ein Abschlussrennen die Skisaison krönen. Doch erst einmal muss es schneien.*

Statt umgangssprachlich *wenn schneemässig alles gut läuft* heisst es leserfreundlich *wenn ausreichend Schnee fällt*. Damit erübrigt sich gleichzeitig der wenig sinnvolle Nachsatz *Doch erst einmal muss es schneien* – denn schliesslich kann es „schneemässig nur gut laufen", wenn es ausreichend schneit ...

(3) *In der Innerschweiz werden die Gipfelstürmer schneemengenmässig verwöhnt. Auf dem Titlis zum Beispiel liegen bereits bis zu 200 Zentimeter Schnee.*

Die gesamte Passage lautet leserfreundlich: „In der Innerschweiz werden die Gipfelstürmer durch den reichlich gefallenen Schnee verwöhnt. Auf dem Titlis zum Beispiel liegen bereits bis zu 200 Zentimeter."

In den gleichen Zusammenhang gehören übrigens für den Augenblick (d. h. ad hoc) gebildete Adjektive. Auch sie sind – wenn auch nicht immer leserfeindlich – zumindest stilistisch zu beanstanden.

Beispiele: Die folgenden Beispiele enthalten für den Augenblick geschaffene Adjektive, die das Verständnis erschweren:

(1) Ein Verband hält in einer Medienmitteilung fest:

Wir fordern darum die Weiterführung bestehender tourismuspolitischer Instrumente sowie ihre Verbesserung und eine zusätzliche Bereitstellung von Mitteln, sofern diese kurzfristig und gezielt einsetzbar sind.

Die Zusammensetzung *Tourismuspolitik* ist bekannt, doch das ad hoc gebildete Adjektiv *tourismuspolitisch* wenig ästhetisch und zudem unpräzise. Denn die Rede ist streng genommen von „Instrumenten der Tourismuspolitik".

(2) Ein Magazin kommentiert das Thema „Impfpflicht" in den folgenden Worten:

Neben der Forderung einer allgemeinen Impfpflicht dominieren nach wie vor tradierte Konzepte der Bildungsarbeit den impfpolitischen Diskurs.

Abgesehen von den Fremdwörtern ohne Mehrwert (*dominieren, tradiert, Diskurs*) ist das im Augenblick entstandene Eigenschaftswort *impfpolitisch* leserfeindlich. Leserfreundlich lautet die Aussage: „Einerseits bestimmen die Forderung nach einer allgemeinen Impfpflicht die Diskussion um die Impfpolitik, andererseits veraltete Vorstellungen aus der Bildungsarbeit."

Augenblickskomposita
Eigentliche „Wortungeheuer" entstehen durch das wahllose Zusammensetzen von Wörtern zu einem einzigen, vielsilbigen Wort. Zu diesen meist leserfeindlichen ‚Augenblickskomposita' (Augenblickszusammensetzungen) gehören im Einzelnen ...

3.2 Das leserfreundliche Wort

- überlange Zusammensetzungen aus mehreren Nomina, die besser aufgelöst werden: *Arbeitsunfähigkeitsmeldung* (leserfreundlich: *Meldung der Arbeitsunfähigkeit*), *Fahrgastbeförderungserlaubnis* (leserfreundlich: *Erlaubnis zur Beförderung von Fahrgästen*), *Fuhrwerksberufsgenossenschaft* (leserfreundlich: *Genossenschaft der professionellen Fuhrunternehmer*).
- Nominalisierungen von Streckverben statt der vom einfachen Verb abgeleiteten Nomina: *Inangriffnahme* (leserfreundlich: *Beginn*), *Inrechnungstellung* (einfach: *Verrechnung*), *Unterbeweisstellung* (leserfreundlich: *Beweis*).
- mittels eines Bindestrichs zusammengefügte Wortschlangen statt des einfachen Begriffs: *die In-die-Luft-Sprengung* (leserfreundlich: *die Sprengung*), *das Über-die-Stränge-Schlagen* (leserfreundlich: *der Übermut*).

Beispiele: Die folgenden Textpassagen enthalten leserfeindliche Augenblickskomposita.

(1) Die Textpassage aus der Tagespresse enthält als – nicht ganz ernst gemeintes – Augenblickskompositum eine rekordverdächtige Wortschlange aus 19 Wörtern.

Wenn das Leben wie eine Werbung wäre, würde ich meine versteckte Pralinenschachtel auf den Tisch stellen und wir hätten spontan eine Riesengaudi. Im wirklichen Leben aber kriegen die Gäste nur diese „Ich-bin-nicht-spiessig-aber-ich-wünschte-mir-ihr-würdet-auf-der-Stelle-in-die-Wüste-teleportiert"-Märtyrer-Miene.

(2) Ein Software-Unternehmen prägt den gewöhnungsbedürftigen Begriff „Massnahmenanforderungsgenehmigung":

Der Prozess Massnahmenanforderungsgenehmigung eignet sich zum Abbilden eines sequenziellen Genehmigungsverfahrens für geplante Investitionen in Form von Massnahmenanforderungen.

Selbstverständlich bieten die hier beschriebenen Reihenbildungen und Augenblickskomposita einen gewichtigen Vorteil: Sie sind präzise und effizient, da sie einen komplexen Sachverhalt in einem Wort ‚komprimieren'. Deshalb entsprechen sie dem Zeitgeist. Im Gegenzug sind sie allerdings nicht nur unübersichtlich und daher leserfeindlich, sondern oft auch missverständlich, wie die folgenden Beispiele zeigen.

> **Beispiele:** Die fologenden beiden Augenblickskomposita sind missverständlich.
>
> *Antiumweltverschmutzungskampagne* (so in einem Blog gelesen) = *Anti-Umweltverschmutzungs-Kampagne* oder *Antiumwelt-Verschmutzungskampagne* (natürlich Erstgenanntes, aber dies ist auf den ersten Blick wohl wenig klar).
>
> *Erdbebengefährdungsannahme* (so ein Bundesamt) = *Erdbeben-Gefährdungsannahme* oder *Erdbebengefährdungs-Annahme* (natürlich Letztgenanntes, aber wie beim Beispiel oben nicht klar …).

Als Faustregel gilt daher: Professionelle Schreiber dürfen die Möglichkeiten der deutschen Wortbildung ruhigen Gewissens nutzen, solange sie eine schlanke Ausdrucksweise beibehalten und keine Wortungeheuer ins Leben rufen.

▶ **Regel** Reihenbildungen und Augenblickskomposita werden schnell zu leserfeindlichen Wortungeheuern. Ersetzen Sie Reihenbildungen und Augenblickskomposita im Zweifelsfalle durch eine etwas umfangreichere Formulierung.

3.2.4 Konkret statt abstrakt

Das Problem
Nummer 1.1.4 der Checkliste behandelt den Gebrauch abstrakter Substantive: Die moderne Sprache neigt dazu, Tätigkeiten und Handlungen in Substantive zu verpacken oder Oberbegriffe anstelle des konkreten Einzelbegriffs zu wählen. Solche abstrakten Substantive (bzw. Nominalisierungen von Verben) sind allerdings weniger verständlich als der entsprechende verbale Ausdruck beziehungsweise Einzelbegriff, da der Leser sie zuerst in eine konkrete Vorstellung übersetzen muss.

3.2 Das leserfreundliche Wort

Die Kognitionsforschung hat die nachteilige Wirkung abstrakter Substantive inzwischen empirisch festgestellt. Abstrakta sprechen kaum die emotionalen Regionen des Gehirns an, signalisieren Distanz zum Leser und sind grundsätzlich schwieriger verständlich als die entsprechenden Verben. In Ausnahmefällen können Abstrakta zwar erwünscht sein: so etwa im Luxusgüterbereich, wo die durch Abstrakta ausgedrückte Distanz ein Produkt aufzuwerten scheint. Doch grundlegend gilt: Abstrakta verstossen, sofern nicht sinnvoll verwendet, gegen die Kommunikationsmaximen (s. Abschn. 1.4).

Abstrakte Substantive
Auf Grund der vielen Nachteile von Abstrakta fordern klassische Stillehren den konkreten Ausdruck durch das entsprechende Verb; denn das Verb zeichne sich neben Lebendigkeit und Farbigkeit durch seine Anschaulichkeit aus. Tatsächlich gilt die folgende Regel: Abstrakte Substantive beziehungsweise Abstrakta (Singular: Abstraktum) haben einen grösseren Bedeutungsumfang als die verbalen Ausdrücke, die sie jeweils vertreten. Je weiter jedoch ein Begriff gefasst ist, desto mehr Eigenleistung und Interpretation verlangt er vom Leser.

Zu den abstrakten Substantiven im weiteren Sinn gehören im Einzelnen ...

- Nominalisierungen von verbalen Ausdrücken: so etwa *jemand erbringt eine Leistung* für *jemand leistet etwas*.
- Ober- und Sammelbegriffe statt Einzelbegriffe: so etwa *die Kundschaft* statt *die Kunden*.

Abstrakte Substantive lassen sich äusserlich leicht erkennen: Die meisten von ihnen enden im Deutschen auf *-ung* oder sind ohne Endung direkt vom Verb abgeleitet (so im Falle der abstrakten Substantive *der Flug* zum Verb *fliegen* oder *der Fall* zum Verb *fallen*). Zudem sind zahlreiche Substantive fremder Herkunft abstrakt. Die Tabelle auf der Folgeseite nennt die wesentlichen Suffixe (Endungen) abstrakter Substantive (Abb. 3.2).

Abstrakte Substantive mit Augenmass verwenden!
Wie gesagt: Die klassischen Stillehren fordern uns dazu auf, grundsätzlich auf Abstrakta zu verzichten. In der heutigen Zeit lässt sich diese Forderung jedoch nicht mehr voll unterstützen. Denn Abstrakta besitzen nicht nur Nachteile, sondern auch einen wesentlichen Vorteil: Sie sind – wie Augenblickskomposita (s. Abschn. 3.2.3) – in der Lage, eine Aussage zu komprimieren und ganze Sätze in ein einziges Wort zu verpacken (Abb. 3.3).

Daher sind abstrakte Ausdrücke in der Lage, ...

Endung (Suffix)	Beispiele	
	abstraktes Substantiv	zugrundeliegendes Verb (bzw. zugrundeliegender verbaler Ausdruck)
-ung	die Herausforderung	herausfordern
	die Lieferung	liefern
-heit (Adjektivabstrakta)	die Schönheit	schön sein
-keit (Adjektivabstrakta)	die Leichtigkeit	leicht sein
-tion	die Information	informieren
-ment	das Management	managen
	das Entertainment	entertainen (unterhalten)
-enz (Adjektivabstrakta)	die Präsenz	präsent sein
	die Vehemenz	vehement sein

Abb. 3.2 Die wesentlichen Suffixe abstrakter Substantive. (Quelle: eigene Darstellung)

verbal, nicht komprimiert	abstrakt, komprimiert
Die Exportindustrie leidet darunter, *dass der Franken so stark ist*.	Die Exportindustrie leidet unter der **Frankenstärke**.
Weil die Zinsen steigen, werden Immobilien immer teurer.	Durch den **Zinsanstieg** werden Immobilien immer teurer. (Oder: *Der **Zinsanstieg** macht Immobilien immer teurer.*)

Abb. 3.3 Abstrakta komprimieren einen Sachverhalt. (Quelle: eigene Darstellung)

- gerade in Fachsprachen einen Sachverhalt präziser als ihre konkreten, verbalen Entsprechungen zu umschreiben.
- ganze Satzaussagen in einem Wort zu verdichten und im Text wertvollen Platz zu sparen.

Wer professionell schreibt, muss folglich die Vor- und Nachteile von Abstrakta gegeneinander abwägen. Auf alle Fälle gilt die Regel: Abstrakta sollen mit Augenmass und stets zur sinnvollen Komprimierung der Aussage verwendet werden. Im Übermass sind Abstrakta hingegen leserfeindlich und erschweren das Textverständnis. Wie die Praxis zeigt, gilt die folgende Obergrenze: Ein Satz mit mehr als drei Abstrakta ist auf alle Fälle schwer verständlich.

3.2 Das leserfreundliche Wort

Beispiele: Die folgenden Textpassagen sind alle zu abstrakt formuliert. Um die Aussage verständlich und anschaulich zu halten, sollten zumindest einige der Abstrakta durch die konkrete Entsprechung – sprich: durch ein Verb – ersetzt werden.

(1) *Die Spitalplanung hat besonders die Sicherstellung einer hochwertigen Behandlungsqualität sowie die transparente Darstellung der Leistungen der einzelnen Spitäler zum Ziel.* (aus dem Bericht einer Gesundheitsinstitution)

Die Kernaussage ist in abstrakte Substantive verpackt, welche die Aussage nicht komprimieren. In konkreter Form lautet die Aussage: „Die Spitalplanung will eine qualitativ hochwertige Behandlung gewährleisten und die Leistungen der einzelnen Spitäler transparent darstellen."

(2) *An den genannten Bahnhöfen werden bis zum Jahresende die Perronanlagen erneuert. Dies ermöglicht einen stufenfreien Zugang zum Gleis und einen ebenerdigen Einstieg in den Zug.* (Medienmitteilung eines Bahnbetreibers)

Um den Kunden die Vorteile der Baumassnahme spürbar vor Augen zu führen, sind konkrete Verben erforderlich: „Künftig gelangen die Fahrgäste stufenfrei zum Gleis und steigen ebenerdig in die Züge ein."

(3) *Eine wichtige Grundlage für die kontinuierliche Verbesserung liegt in der Überprüfung der eigenen Arbeit. Mehr als 500 Mitarbeitende wurden bei der Servicequalitätsbefragung gebeten, insgesamt 40 Einheiten zu bewerten.* (ein Finanzdienstleister)

Der erste Satz ist zwar kurz, durch die gehäuften Abstrakta aber unverständlich. Konkret übersetzt lautet die Aussage wohl: „Die eigene Arbeit zu überprüfen, ist grundlegend, um sich kontinuierlich zu verbessern." PS: Das Augenblickskompositum (s. Abschn. 3.2.3) „Servicequalitätsbefragung" im Folgesatz erschwert das Verständnis zusätzlich. Übersichtlich lautet die Aussage: „Mehr als 500 Mitarbeitende sind im Rahmen einer Befragung gebeten worden, die Servicequalität von 40 Einheiten zu bewerten".

(4) *Das Stadtarchiv dient der Sicherstellung, Aufbewahrung, Erschliessung und Auswertung von Akten der Stadtverwaltung, die für die Stadt von rechtlicher oder historischer Bedeutung sind.* (Website einer Stadt)

Webtexte sollten möglichst konkret und anschaulich informieren, wogegen das Textbeispiel verstösst. In diesem Fall lässt sich die Aussage wie folgt verständlich gestalten: „Das Archiv sichert die Akten der Stadtverwaltung, die für die Stadt von rechtlicher oder historischer Bedeutung sind. Es bewahrt die Akten auf, erschliesst sie und wertet sie aus."

(5) *Ein sparsamer und kostenbewusster Umgang mit sämtlichen Ressourcen sowie ein umweltbewusstes Verhalten, fachliche Kompetenz und grosse Seriosität sind unsere obersten Gebote.* (Leitbild eines IT-Dienstleisters)

Gerade Leitbilder sind auf eine verbindliche, da anschauliche Formulierung angewiesen: „Unser oberstes Gebot ist es, sparsam und kostenbewusst mit sämtlichen Ressourcen umzugehen, uns umweltbewusst zu verhalten und kompetent sowie seriös zu handeln."

(6) *Der rote Faden in unserer Forschungseinrichtung sind die Formulierung sowie das Testen von Modellen zur Erforschung der Ökologie und Evolution, und zwar mit Hilfe der derzeit vorhandenen umfangreichen*

3.2 Das leserfreundliche Wort

> *Datensammlung und -speicherung.* (Website einer Forschungseinrichtung)
>
> Schwerfällig und kaum verständlich formuliert die Forschungseinrichtung ihre Schwerpunkte. Gemeint ist wohl: „Unsere Einrichtung formuliert und testet in erster Linie Modelle. Sie erforscht auf diese Weise – und mit Hilfe der umfangreichen Datensammlung – Ökologie und Evolution." PS: Wie der Formulierungsvorschlag zeigt, ist die ursprüngliche Aussage zudem pleonastisch und lässt sich entschlacken (s. Abschn. 5.3.1). Dass es sich bei einer Einrichtung, die Ökologie und Evolution erforscht, um eine Forschungseinrichtung handelt, liegt auf der Hand. „Einrichtung" genügt also. Ähnlich verhält es sich in der zweiten Satzhälfte: Dass gespeicherte Daten zunächst gesammelt werden („Datensammlung") und in der Folge „vorhanden" sind, versteht sich von selbst. Es reicht also der Hinweis auf die „umfangreiche Datensammlung".
>
> (7) *Nebst der Bewirtschaftung der Sportanlagen gehört das Bereitstellen eines attraktiven und nachhaltigen Bewegungsangebots für möglichst viele Menschen ... zu unseren Kernaufgaben.* (Website einer Stadtverwaltung)
>
> Die Aussage ist aufgebläht. Schlank und leserfreundlich lassen sich die Aufgaben des zuständigen Sportamts wie folgt beschreiben: „Wir bewirtschaften die Sportanlagen und stellen für möglichst viele Menschen ein attraktives, nachhaltiges Bewegungsangebot bereit."

Den Grad der Abstraktion bestimmen
Professionell schreiben bedeutet, ...

- die Vorteile von Abstrakta zu nutzen,
- aber gleichzeitig den Grad der Abstraktion – und damit der Komprimierung – auf das Zielpublikum auszurichten.

Wie die folgende Tabelle Abb. 3.4 illustriert, lässt sich der Anteil an Abstrakta in einem Satz bei Bedarf jederzeit herabsetzen, der Anteil an Verben erhöhen.

	Grad der Abstraktion
leserfeindliche, unzulässige Abstraktion: **vier** Abstrakta	*Die Überarbeitung*[1] *dieses Buchs ist ein Beitrag*[2] *zur Verbesserung*[3] *der Schreibausbildung*[4].
zulässige Abstraktion: **drei** Abstrakta	*Die Überarbeitung*[1] *dieses Buchs ist ein Beitrag*[2], *die Schreibausbildung*[3] *zu verbessern.*
mittlere Abstraktion: zwei Abstrakta	*Die Überarbeitung*[1] *dieses Buchs trägt dazu bei, die Schreibausbildung*[2] *zu verbessern.*
geringe Abstraktion: ein Abstraktum	*Wir haben dieses Buch überarbeitet, um die Schreibausbildung*[1] *zu verbessern.*
Rein verbale Formulierung: kein Abstraktum	*Wir haben dieses Buch überarbeitet, um Schreiberinnen und Schreiber noch besser auszubilden.*

Abb. 3.4 Den Grad der Abstraktion bestimmen. (Quelle: eigene Darstellung)

„Blähdeutsch" vermeiden
Wie gezeigt haben Abstrakta vor allem die Aufgabe, Aussagen zu komprimieren. Aus diesem Grunde ist es umso widersinniger, wenn Abstrakta eine Aussage aufblähen. Ein erstes Anschauungsbeispiel liefert Abb. 3.4: Die Formulierung mit nur einem Abstraktum ist kürzer als die leserfeindliche Formulierung mit vier Abstrakta. Es handelt sich also um sogenanntes „Blähdeutsch". Derlei Aufblähung der Aussage tritt gerne auf, wenn die folgenden Erscheinungen im Spiel sind:

- Streckverben: Kombinationen aus abstraktem Substantiv und semantisch leerem Verb oder verbähnlichem Ausdruck (Beispiel: aufgeblähtes *eine Herausforderung darstellen* für lesefreundliches *herausfordern*).
- Mehrfachabstrakta: Zusammensetzungen aus mehreren abstrakten Substantiven (Beispiel: aufgeblähtes *Fragestellungen* für leserfreundliches *Fragen*, *Aufgabenstellung* für *Aufgabe*, *Zielsetzung* für *Ziel*).

Strenggenommen sind die in Abb. 3.5 genannten Formulierungen nicht synonym. Beispielsweise bedeutet „für die Organisation verantwortlich sein", dass die betref-(fende Person die Verantwortung trägt, aber nicht selbst organisiert. Ebenso bezeichnet „Aufgabenstellung" die Art und Weise, in der eine Aufgabe formuliert (also gestellt) ist, nicht aber die Aufgabe selbst. Doch die Praxis zeigt, dass „für etwas verantwortlich sein", „Aufgabenstellung" usw. in der überwiegenden Mehrzahl der Fälle aufgebläht als Quasi-Synonyme verwendet werden.

3.2 Das leserfreundliche Wort

	abstraktes Blähdeutsch	direkt und schlank
Streckverben	*Unser Unternehmen nimmt die Sicherstellung Ihrer Gebäude vor.*	*Unser Unternehmen sichert Ihre Gebäude.*
	Sie kümmern sich um die Planung aller Verkaufsmassnahmen.	*Sie planen alle Verkaufsmassnahmen.*
	Sie sind für die Organisation des Kundenanlasses verantwortlich.	*Sie organisieren den Kundenanlass.*
	Eine klare Kommunikation stellt die Garantie für eine intakte Reputation dar.	*Eine klare Kommunikation garantiert eine intakte Reputation.*
Zusammensetzungen	*Unsere Zielsetzungen sind hochgesteckt.*	*Unsere Ziele sind hochgesteckt.*
	Die Aufgabenstellung ist attraktiv.	*Die Aufgabe ist attraktiv.*

Abb. 3.5 Blähdeutsch und seine Ursachen. (Quelle: eigene Darstellung)

Beispiele: Die folgenden Textpassagen sind aufgebläht.

(1) *Sie sind verantwortlich für die erfolgreiche Einführung der neuen Dienstleistungen sowie den weiteren produktmässigen, logistischen und auch personellen Ausbau.* (aus einem Stelleninserat)

In den allermeisten Fällen sind Konstruktionen aus *verantwortlich sein für {+ abstraktes Substantiv}* aufgebläht. Das heisst in diesem Fall: „Sie führen die neuen Dienstleistungen erfolgreich ein und ergänzen diese mit neuen Produkten und dem nötigen Personal."

(2) *Rechtssicherheit für Kunden und Banken sowie nachhaltiges Wachstum sind unsere wesentlichen Zielsetzungen.* (eine Bankenvereinigung)

In den allermeisten Fällen ist der Begriff „Zielsetzung" aufgebläht und steht für einfaches „Ziel". Also: „Unsere Ziele sind in erster Linie Rechtssicherheit für Kunden und Banken sowie nachhaltiges Wachstum".

(3) Beide Arten von Abstrakta (Nominalisierung wie Oberbegriff) vereint die folgende typische Wettermeldung:

Gestern hat ein neuer Sturm von der Westschweiz bis ins Berner Mittelland getobt. ... In den zentralen Landesteilen führte der Schneefall zu prekären Strassenverhältnissen.

Das Abstraktum „Schneefall" ist die Nominalisierung von „es fällt Schnee". Eine solche Nominalisierung bläht den Text unnötig auf. Denn nicht die Tatsache, dass „Schnee fällt", verursacht die rutschigen Strassen, sondern schlicht „der Schnee" – wobei „rutschige Strassen" der konkrete Ersatz für den abstrakten Oberbegriff „prekäre Strassenverhältnisse" ist. Der Satz lautet also in konkreter statt abstrakter Ausdrucksweise: „ In den zentralen Landesteilen führte der Schnee zu rutschigen Strassen."

(4) *Die Verbesserung des Hochwasserschutzes der Gemeinde erfolgt durch den Bau von Geschiebesammlern an den drei Hangbächen.* (Medienmitteilung einer Versicherung)

Wenn Geschiebesammler den Hochwasserschutz verbessern, sind sie bereits „gebaut". Das Abstraktum „Bau" bläht die Aussage also ebenso wie die Phrase „die Verbesserung erfolgt ..." auf. Leserfreundlich lautet die Aussage also: „Die Geschiebesammler an den drei Hangbächen verbessern den Schutz der Gemeinde vor Hochwasser." Beziehungsweise konkreter: „Die Geschiebesammler an den drei Hangbächen schützen die Gemeinde noch besser vor Hochwasser."

(5) *„Wir verfolgen ein Wissenschaftsverständnis, das sich an relevanten Problem- und Fragestellungen aus der Praxis ausrichtet und ein breites Repertoire an Methoden beinhaltet."* (Website eines Forschungsinstituts)

„Problem- und Fragestellungen" ist aufgebläht für „Probleme und Fragen".

▶ **Regel** Begegnen Sie dem Leser möglichst direkt und anschaulich. Vermeiden Sie eine allzu abstrakte Sprache mit mehr als drei Abstrakta pro Satz. Beseitigen Sie konsequent aufgeblähte Aussagen!

3.3 Der leserfreundliche Satz

3.3.1 Die klare Wortstellung

Das Problem
Nummer 1.2.1 der Checkliste behandelt die Tücken der deutschen Wortstellung: Ein Satz besteht in der Regel aus drei Komponenten: einem Subjekt, einem Objekt und dem Prädikat (sprich: Verb), das Subjekt und Objekt verbindet. Je entfernter diese drei Komponenten im Satz voneinander liegen, desto schwerer fällt das Satzverständnis. Ebenso können Abweichungen von der Standardwortstellung Subjekt-Verb-Objekt das Satzverständnis erschweren – bieten im Gegenzug aber stilistische Variation.

Die Satzklammer
Die deutsche Wortstellung ist ihrem Wesen nach wenig leserfreundlich. Hauptgrund hierfür ist die sogenannte ‚Satzklammer': Danach steht das bedeutungstragende Verb beziehungsweise der entscheidende Teil des Prädikats in manchen verbalen Konstruktionen erst am Ende eines Hauptsatzes – und löst damit die Satzklammer aus. Abb. 3.6 zeigt die wichtigsten dieser verbalen Konstruktionen.

	Beispiel
Hilfsverben zur Bildung einer zusammengesetzten Zeit (Perfekt, Plusquamperfekt, Futur)	*Das Projekt hat ... begonnen.* *Das Projekt ist ... gestartet.* *Das Projekt wird ... starten.*
das Hilfsverb *werden* zur Bildung des Passivs	*Das Projekt wird ... gestartet.*
Modalverben und den Modalverben ähnliche Konstruktion	*Die Aufgabe kann ... gelöst werden.* *Die Aufgabe ... ist zu lösen.*
Verben mit trennbarem Zusatz:	
• Präposition + Verb	*Dies wirft (z. B. Fragen) ... auf.* *Die Kommission lehnt ... ab.*
• Substantiv + Verb	*Der Anlass findet ... statt.* *Die Mitarbeitenden nehmen ... teil.*
• Verb + Verb	*Die Teilnehmer lernen ... kennen.*
• Adverb + Verb	*Sie legen (z. B. den Streit) ... bei.* *Die Mitglieder kommen ... zusammen.*
Feste Verbindungen:	
• Verb mit Präposition	*Die Vertragspartner stellen (z. B. die Vereinbarung) ... in Frage.*
• Verb mit nominalem Objekt	*Die Entwicklung hält ... Schritt.*
• Funktionsverb	*Die Massnahme gelangt ... zur Anwendung.* *Der Vorstand bringt (z. B. die Frage) ... zur Entscheidung.*

Abb. 3.6 Verbale Konstruktionen, die eine Satzklammer verursachen. (Quelle: eigene Darstellung)

3.3 Der leserfreundliche Satz

Die Satzklammer gehört zum grammatischen Inventar des Deutschen und lässt sich daher nicht vermeiden. Doch besitzt sie einen Nachteil: Sie zwingt den Leser, das abschliessende, für den Sinn wesentliche Element im Voraus zu erkennen. Daher sollte die Satzklammer kurzgehalten werden und nicht mehr als zehn bis fünfzehn Wörter umfassen.

> **Beispiel:** Die folgende Textpassage aus der Medienmitteilung eines Versicherungsunternehmens illustriert die Tücken der Umklammerungsregel.
>
> *Wir künden ab 1.1.2023 den vollständigen Verkauf unserer Tochtergesellschaft Nationale Versicherung Westeuropa und der beiden auf spezifische Versicherungslösungen fokussierten Agenturen Best Assurance und Assistance Nationale an die Deutsche Versicherungsgruppe an.*
>
> Dieser Satz weist die deutsche Standardwortstellung auf: das Subjekt (*wir*) eröffnet den Satz, das Prädikat = Hilfsverb (*künden … an*) und das Objekt (*den Verkauf*) folgen dem Subjekt (Abb. 3.7).

Dabei endet die eigentliche verbale Aussage (das Kernverb „künden … an") erst nach der Satzklammer von 27 Wörtern – die im Kurzzeitgedächtnis des Lesers gespeichert werden müssen, bis die Aussage ein verständliches Ganzes ergibt.

Satzklammern auflösen!

Als Schreiber ist man nicht jeder Satzklammer hilflos ausgeliefert. Gemäss der Richtlinie „das Verb nach vorne rücken, das weniger Wichtige ausgliedern" lassen sich viele Satzklammern im Dienste der Verständlichkeit mühelos beseitigen.

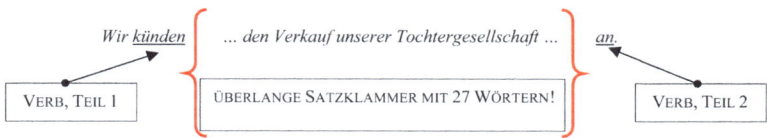

Abb. 3.7 Die leserfeindliche Satzklammer. (Quelle: eigene Darstellung)

Beispiele: Die folgenden Textbeispiele illustrieren die Mittel zur Auflösung einer Satzklammer (die Satzklammer ist jeweils durch { ... } markiert).

(1) In der folgenden Aussage einer Herstellerin für Sicherungsanlagen lässt sich die Satzklammer von 16 Wörtern einfach beseitigen, wenn Verben die zahlreichen Abstrakta ersetzen.

Original	mit aufgelöster Satzklammer
Das Zutrittsmanagementsystem Intus 300 setzen Sie {zur Sicherung von Gebäuden, Räumen und Arealen sowie zur Überwachung und Steuerung von unterschiedlichen Gebäudeeinrichtungen} ein.	*Sie setzen das Zutrittsmanagementsystem Intus 300 ein, um Gebäude, Räume sowie Areale zu sichern sowie unterschiedliche Gebäudeeinrichtungen zu überwachen und zu steuern.*

(2) Webtexte stellen erhöhte Anforderungen an die Textverständlichkeit. Die folgende Textpassage aus einer Webinformation lässt sich verständlich gestalten, wenn das zusammengesetzte Verb einem einfachen Verb weicht.

Original	mit aufgelöster Satzklammer
Das vom Spielehersteller Friendship Games erfundene Wort „Friendies" stellt {eine gelungene Kombination aus dem Namen des Konzerns sowie dem Begriff „Indie-Spiel"} dar.	*Das vom Spielehersteller Friendship Games erfundene Wort „Friendies" besteht aus einer gelungenen Kombination aus dem Namen des Konzerns sowie dem Begriff „Indie-Spiel".*

(3) In einem Kundenmagazin lässt ein Gerätehersteller die Satzklammer ausser Acht. Dabei liesse sich diese leicht vermeiden, wenn der Schreiber zweitrangige Informationen sauber ausgliedert.

Original	mit aufgelöster Satzklammer
Mit unseren Marken X°, Y°, der Z°-Schweissgerätefamilie und den dazugehörenden Bearbeitungs- und Montagegeräten haben wir {eine marktführende Rolle als Anbieter von Produkten und Dienstleistungen für den Rohrleitungsbau in der Gas- und Wasserversorgung sowie in der Abwasserentsorgung} erreicht.	Dank unseren Marken X°, Y°, der Z°-Schweissgerätefamilie und den dazugehörenden Bearbeitungs- und Montagegeräten haben wir eine starke Position am Markt erreicht. Als Anbieter von Produkten und Dienstleistungen für den Rohrleitungsbau in der Gas- und Wasserversorgung sowie in der Abwasserentsorgung sind wir heute Marktführer.

(4) Eine Industrievereinigung beginnt ihre Medienmitteilung mit einer leserfeindlichen Satzklammer. Diese lässt sich leicht vermeiden, wenn die Aussage – unter Zuhilfenahme von Verben statt abstrakten Substantiven – portioniert wird.

Original	mit aufgelöster Satzklammer
Die Vereinigung der Nahrungsmittelproduzenten hat {als Folge der letztjährigen Zustimmung des Parlaments zum neuen Lebensmittelgesetz zu den äusserst umfangreichen Ausführungsbestimmungen des Lebensmittelverordnungspaketes} detailliert Stellung genommen.	Letztes Jahr hat das Parlament dem neuen Lebensmittelgesetz zugestimmt. Nun äussert sich die Vereinigung der Nahrungsmittelproduzenten detailliert zu den äusserst umfangreichen Ausführungsbestimmungen des Lebensmittelverordnungspaketes.

Abgesehen davon beseitigt der Textvorschlag die missverständliche Apposition „als Folge von ...", die sich im Original ohne weiteres falsch auf die Vereinigung beziehen lässt.

Unnatürliche Wortstellung vermeiden, Ausklammerungen behutsam vornehmen

Um Satzklammern zu vermeiden, greifen manche Schreiber zu Ausklammerungen. Das heisst: Sie rücken die Teile des verbalen Prädikats zusammen und den Rest des Satzes ans rechte Satzende. Aus …

Diese Zusammenstellung stellt den heutigen Wissensstand unter Berücksichtigung aller wesentlichen Informationen dar.

wird so mittels Ausklammerung …

Diese Zusammenstellung stellt den heutigen Wissensstand dar unter Berücksichtigung aller wesentlichen Informationen.

Wie das Beispiel zeigt, führen derartige Ausklammerungen oft zu unnatürlichen Wortfolgen. Natürlich wirken Ausklammerungen hingegen bei …

- ausgeklammerten Relativsätzen: *Die Aktionärsversammlung ist mit dem Gewinn zufrieden, den das Unternehmen im Berichtsjahr geschrieben hat* (statt *Die Aktionärsversammlung ist mit dem Gewinn, den das Unternehmen im Berichtsjahr geschrieben hat, zufrieden*).
- ausgeklammerten Infinitivsätzen: *Die Aktionärsversammlung hat der Geschäftsführung den Auftrag erteilt, den Umsatz zu steigern* (statt *Die Aktionärsversammlung hat der Geschäftsführung den Auftrag, den Umsatz zu steigern, erteilt*).
- ausgeklammerten Vergleichsgliedern: *Die Aktionärsversammlung hat ihre Kritik am Geschäftsergebnis deutlicher zur Sprache gebracht als in den letzten Jahren* (statt *Die Aktionärsversammlung hat ihre Kritik am Geschäftsergebnis deutlicher als in den letzten Jahren zur Sprache gebracht*).

Beispiel: Ein Dienstleistungsunternehmen hält in seinen AGB fest:

Die Parteien behandeln alle Tatsachen und Informationen, die weder offenkundig noch allgemein zugänglich sind, vertraulich.

Hier lässt sich der Satz leicht verständlich gestalten, indem der Relativsatz ausgeklammert und das Adverb *vertraulich* nahe zum Verb gezogen wird: „Die Parteien behandeln alle Tatsachen und Informationen vertraulich, die weder offenkundig noch allgemein zugänglich sind."

3.3 Der leserfreundliche Satz

Die Standardwortstellung und Abweichungen
Die unmarkierte – d. h. aussagenneutrale – Standardwortstellung lautet im deutschen Satz:

Subjekt – Prädikat/Verb – Objekt(e)

Hier bildet – vereinfacht gesagt – das Subjekt das Vorfeld des Satzes und weist auf Bekanntes beziehungsweise zuvor Erwähntes (das sog. ‚Thema' des Satzes). Das Verb bildet die Achse des Satzes, das Nachfeld schliesslich nennt das Neue (das sog. ‚Rhema'). Hierbei folgt das Glied mit dem geringsten Mitteilungswert direkt auf das Verb.

Wird von der Standardwortstellung abgewichen – das heisst: wird ein anderes Satzglied als das Subjekt ins Vorfeld gesetzt –, so ist dieses Satzglied in der Regel hervorgehoben. Die Hervorhebung dient dabei unterschiedlichen Zwecken wie etwa der Betonung oder dem verbesserten Satzanschluss (Abb. 3.8):

Standardwortstellung	*(Auf Grund der rasch voranschreitenden medizinischen Entwicklung sind die Listen zugelassener Medikamente rasch veraltet.) Die Gesundheitsbehörde trägt diesem Umstand durch die kontinuierliche Aktualisierung der Listen Rechnung.*	Die Standardwortstellung ist unmarkiert (d. h. neutral in der Aussage).
Variante 1	*(Auf Grund der rasch voranschreitenden medizinischen Entwicklung sind die Listen zugelassener Medikamente rasch veraltet.)* **Durch die kontinuierliche Aktualisierung der Listen** *trägt die Gesundheitsbehörde diesem Umstand Rechnung.*	Variante 1 lenkt durch die Hervorhebung von „durch die kontinuierliche Aktualisierung …" das Augenmerk auf die Massnahme selbst.
Variante 2	*(Auf Grund der rasch voranschreitenden medizinischen Entwicklung sind die Listen zugelassener Medikamente rasch veraltet.)* **Diesem Umstand** *trägt die Gesundheitsbehörde durch die kontinuierliche Aktualisierung der Listen Rechnung.*	Variante 2 verstärkt durch die Hervorhebung von „diesem Umstand" den Anschluss zum vorhergehenden Satz.

Abb. 3.8 Standardwortstellung versus abweichende Wortstellung im Satz. (Quelle: eigene Darstellung)

Die missverständliche Wortstellung

Abweichungen von der Standardwortstellung können das Satzverständnis erschweren oder zu Missverständnissen führen. Besondere Aufmerksamkeit ist bei Wortklassen geboten, bei denen Nominativ und Akkusativ gleich lauten. Treten Substantive dieser Wortklassen in einem Satz auf, lassen sich Subjekt und Objekt nur durch den Sinn des Satzes auseinanderhalten.

So lässt sich ein Satzanfang wie der folgende auf zweierlei Arten ergänzen:

Die Redensart „Reden ist Silber, Schweigen ist Gold" darf in der heutigen Mediengesellschaft ...

Erste Möglichkeit der Ergänzung: *... nicht befolgt werden.*

Zweite Möglichkeit der Ergänzung: *... kein Politiker befolgen.*

Erste Möglichkeit: *Redensart* ist gemäss der deutschen Standardwortstellung Subjekt (beantwortet also die Frage „wer oder was?") und steht daher im Nominativ.

Zweite Möglichkeit: *Redensart* ist entgegen der deutschen Standardwortstellung Objekt (beantwortet also die Frage „wen oder was?") und steht daher im Akkusativ.

Sätze des zweiten Typus rufen beim Leser Missverständnisse hervor. Denn in Erwartung der Standardwortstellung wird der Leser im Satzbeginn das Subjekt erkennen und daher einen falschen Zwischensinn konstruieren; und je länger sich der Satz dahinzieht, desto länger verbleibt der Leser bei seiner irrtümlichen Analyse. Es ist daher ratsam, bei grammatisch zweideutigen Wortformen nur aus guten stilistischen Gründen und in kurzen Sätzen von der Standardwortstellung abzuweichen.

Beispiele: Die folgenden Textpassagen sind wegen ihrer missverständlichen oder irreführenden Wortstellung nicht leserfreundlich.

(1) *Das zur Vernehmlassung veröffentlichte Energiegesetz bewertet die Handelskammer als zu teuer und aufwändig.* (Newsletter einer Handelskammer)

3.3 Der leserfreundliche Satz

Ein klassischer Fall von Irreführung: „Das ... Energiegesetz" bildet nicht das Subjekt, sondern das Objekt. Der Leser wird so auf die falsche Fährte geführt. Erst beim zweiten Durchlesen erkennt er auf Grund des plausiblen Satzsinnes („wer bewertet wen?") in der „Handelskammer" das richtige Subjekt.

(2) *Seit jeher umgibt die Mistel eine mysteriöse Aura, als wolle sie mit unserer irdischen Welt wenig zu tun haben.* (aus dem Weihnachtsgruss eines Unternehmens)

Die Botschaft soll den Leser in eine nachdenklich-feierliche Stimmung versetzen – die missverständliche Wortstellung in den folgenden zwei Sätzen lässt den Leser zunächst jedoch ratlos zurück. Denn in Abkehr von der Standardwortstellung leitet das Objekt (die Mistel) den Satz ein – der Leser fragt verwirrt: „Wer umgibt wen?".

(3) *Spuren in Ertrag und Kostenstruktur hinterlassen im Berichtsjahr unter anderem technische und vertragliche Anpassungen bestehender Kundenaufträge.* (Editorial im Jahresbericht eines Informatik-Dienstleisters)

Beim ersten Durchlesen erkennt der Leser in „Spuren" das Subjekt. Dass diese aber keine „Anpassungen" hinterlassen, wird gegen Satzende klar. Erst das nochmalige Lesen stellt den richtigen Sinn her: „Anpassungen bestehender Kundenaufträge haben bei Ertrag und Kostenstruktur ihre Spuren hinterlassen."

▶ **Regel** Erschweren Sie das Textverständnis nicht durch wortreiche Satzklammern. Vermeiden Sie eine missverständliche oder irreführende Wortstellung.

3.3.2 Der elegante Satz

Das Problem
Nummer 1.2.2 der Checkliste behandelt die Probleme von Nominalgruppen und Verschachtelungen (d. h. von Klemmkonstruktionen und Schachtelsätzen): Die drei Hauptkomponenten des deutschen Satzes sind Subjekt, Prädikat, Objekt (s. Abschn. 3.3.1). Je weniger weit diese drei Satzteile voneinander entfernt sind, desto rascher verarbeitet der Leser die Satzaussage. Je mehr Bedeutungseinheiten (sogenannte Propositionen) in Form von Einschüben und Zwischeninformationen in den Satz gepackt werden, desto schwieriger fällt ihm das Satzverständnis.

Nominalgruppen und Klemmkonstruktionen
Es entspricht dem Zeitgeist, Satzaussagen zu verdichten (s. bereits Abschn. 3.2.2.3). Hierzu bietet die deutsche Sprache auf der Satzebene zweierlei Möglichkeiten an:

- Erstens Nominalgruppen: Eine Reihe von mindestens zwei Genitivattributen und/oder Adverbialen wird hinter das Bezugswort angefügt. Beispiele:
  eine Führungspersönlichkeit [1] *mit grosser Erfahrung* [2] *rund um IT-Dienstleistungen* [3] *für Kunden* [4] *im In- und Ausland* [5] ... (eine fünfgliedrige Nominalgruppe bestehend aus dem Bezugswort *Führungspersönlichkeit* + vier Adverbialen)
  ein Unternehmen [1] *der Dienstleistungsbranche* [2] *mit einer Vorreiterrolle* [3] *in ganz Europa* [4] (viergliedrige Nominalgruppe bestehend aus dem Bezugswort *Unternehmen* + ein Genitivattribut + zwei Adverbialen)
- Zweitens Klemmkonstruktionen: Zwischen Artikel und Substantiv wird eine Wortgruppe aus Adjektiv oder Partizip sowie Adverbialen geklemmt. Beispiel:
  die {über diese Angelegenheit in den nächsten Wochen entscheidende} Behörde ... (eine Wortgruppe aus den Adverbialen *über diese Angelegenheit* und *in den nächsten Wochen* sowie dem Partizip *entscheidend*, die zwischen Artikel *die* und dem Substantiv *Behörde* eingeklemmt sind).

Grundsätzlich gilt: Umfangreiche Nominalgruppen und Klemmkonstruktionen sind nicht leserfreundlich, da sie den Leser von den Hauptkomponenten des Satzes – dem Subjekt und den Objekten – fernhalten. Die beiden im Schreiballtag bewährten Faustregeln lauten in diesem Zusammenhang:

3.3 Der leserfreundliche Satz

- Nominalgruppen sollen nicht aus mehr als drei Gliedern bestehen.
- Klemmkonstruktionen sollen nicht mehr als sieben Wörter umfassen.

Nominalgruppen sprengen, Klemmkonstruktionen auflösen
Es ist daher ratsam, überlange Nominalgruppen zu sprengen und umfangreiche Klemmkonstruktionen mit denselben Mitteln wie Satzklammern (s. Abschn. 3.3.1) aufzulösen – selbst wenn der Text durch einen zusätzlichen Relativsatz oder Nachsatz länger wird!

Beispiele: Die folgenden Textbeispiele illustrieren, wie sich überlange Nominalgruppen und Klemmkonstruktionen auflösen lassen.

(1) Der Newsletter eines Bankendienstleisters erläutert:

Original	mit gesprengter Nominalgruppe
Im letzten Newsletter sind wir auf die zunehmende Komplexität des Personalmanagements am Beispiel der Rekrutierung für Fachkräfte eingegangen.	Im letzten Newsletter sind wir auf die zunehmende Komplexität des Personalmanagements eingegangen, die wir am Beispiel der Rekrutierung für Fachkräfte erläutert haben.

(2) Die folgende Textpassage enthält eine Klemmkonstruktion, die nach Auflösung ruft:

Original	mit aufgelöster Klemmkonstruktion
Wie der Fernsehsender XY unter Berufung auf eine am Samstag nach der Empfehlung des Senats zur Einleitung eines Amtsenthebungsverfahrens vorgenommene Untersuchung berichtet, ist die Mehrheit der Befragten mit der Amtsführung des Präsidenten zufrieden.	Wie der Fernsehsender XY unter Berufung auf eine Umfrage berichtet, ist die Mehrheit der Befragten mit der Amtsführung des Präsidenten zufrieden. Die Umfrage war am Samstag vorgenommen worden, nachdem der Senat die Empfehlung ausgesprochen hatte, ein Amtsenthebungsverfahren einzuleiten.

„Schreibe nicht, wie du denkst!"
Neben dem Willen zu ökonomischem Schreiben verhilft ein weiterer Umstand Nominalgruppen und Klemmkonstruktionen zu ihrer Popularität: Beide Konstruktionen projizieren unsere Gedankengänge naturgetreu beziehungsweise linear aufs Papier. „Schreibe, wie du denkst!" darf jedoch nicht das Motto eines professionellen Schreibers sein. Denn der Leser hat das Recht, die Gedanken des Verfassers in gewichteter, geordneter und leserfreundlicher Form vorgesetzt zu bekommen.

> **Beispiele:** Professionelle Schreiber sollten sich davor hüten, ihre Gedanken linear in einen Satz zu verpacken. Sonst werden die Aussagen rasch unverständlich, wie die folgenden Beispiele belegen (die hochgestellten Zahlen markieren die einzelnen Glieder der überlangen Nominalgruppe).
>
> (1) *Die Stiftung für Patientensicherheit ist ein nationales Kompetenzzentrum*[1] *zur Entwicklung und Förderung*[2] *der Patientensicherheit*[3] *in der Schweiz*[4]. (Website einer Stiftung)
>
> Dieser zentrale Satz enthält durch die viergliedrige Nominalgruppe zu viel Information. Die Aussage lässt sich leicht portionieren, wenn die Abstrakta in Verben verwandelt werden: „Die Stiftung für Patientensicherheit ist ein nationales Kompetenzzentrum. Sie fördert die Sicherheit der Patienten in der Schweiz."
>
> (2) *Die Professional Informatik AG ist ein erfahrenes Schweizer ICT-Unternehmen*[1] *mit einem breiten Leistungsangebot*[2] *für öffentliche Verwaltungen und Organisationen*[3] *im staatlichen Umfeld*[4]. (Website eines IT-Unternehmens)
>
> Wie im Beispiel oben muss die Information der überlangen Nominalgruppe auf zwei Sätze verteilt werden: „Die Professional Informatik AG ist ein ... ICT-Unternehmen. Ihr breites Leistungsangebot richtet sich an öffentliche Verwaltungen und staatsnahe Organisationen."

3.3 Der leserfreundliche Satz

(3) Eine Stadtverwaltung verkündet in einer Medienmitteilung:

Die Stadt und das Energieunternehmen Future Energy haben eine Zusammenarbeitsvereinbarung [1] über die Koordination [2] der Bauarbeiten [3] im Bereich [4] des ehemaligen Bahntrassees [5] unterzeichnet.

Der Leser stösst auf eine fünfgliedrige Nominalgruppe, die es zu portionieren gilt: „Die Stadt und das Energieunternehmen ... haben eine Vereinbarung unterzeichnet, um die Bauarbeiten im Bereich des ehemaligen Bahntrassees zu koordinieren." PS: Dass es sich um eine Vereinbarung zur Zusammenarbeit handelt, versteht sich von selbst – einfaches „Vereinbarung" reicht daher aus.

(4) Eine Forschungsabteilung präsentiert sich auf ihrer Website wie folgt:

Durch Anlegung [1] eines organismischen Fokus [2] aus der Perspektive [3] des Ökosystems [4] ist die Abteilung bestrebt, sowohl einen Beitrag zu einem allgemeinen ökologischen Theoriegebäude als auch zur Lösung von Umweltproblemen in Alpenregionen zu leisten.

Die Aussage ist durch die viergliedrige Nominalgruppe schwer verständlich. Sinnvoll portioniert lautet sie: „Die Abteilung ist organismisch ausgerichtet und nimmt dabei die Perspektive des Ökosystems ein. Dadurch trägt sie zu einem allgemeinen ökologischen Theoriegebäude bei und versucht, Umweltprobleme in Alpenregionen zu lösen."

(5) *„Wir bieten einen inspirierenden und zentralen Arbeitsplatz [1] in einem engagierten Team und mit der universitären Atmosphäre [2] eines renommierten Instituts [3] unserer Hochschule [4]."* (Stelleninserat einer Hochschule)

Die Nominalgruppe umfasst vier Glieder und ist deshalb überlang. Zerlegen wir sie, wird die Aussage deutlich leserfreundlicher: „Wir bieten einen zentralen Arbeitsplatz mit universitärer Atmosphäre. Sie arbeiten in einem engagierten Team eines renommierten Instituts unserer Hochschule."

(6) *Die auf der Grundlage* [1] *der Untersuchung* [2] *potenzieller Wirkungen* [3] *von Stilelementen* [4] *auf die Rezipienten* [5] *herausgearbeiteten Kriterien für die Klassifizierung bringen die Funktionalstile in grosse Nähe zu den pragmatischen Textklassen.* (aus einer deutschen Stilistik)

Eine Klemmkonstruktion („die ... herausgearbeiteten Kriterien"), die eine fünfgliedrige Nominalgruppe („auf der Grundlage – der Untersuchung – potenzieller Wirkungen – von Stilelementen – auf die Rezipienten") enthält. Der Satz ist beinahe unverständlich. Gemeint ist etwa: „Die Kriterien zur Textklassifizierung beruhen auf einer Untersuchung der Wirkung, die einzelne Stilelemente auf die Rezipienten ausüben. Auf Grund dieser Kriterien stehen sogenannte Funktionalstile pragmatischen Textklassen nahe".

Schachtelsätze

Wie Nominalgruppen und Klemmkonstruktionen erschweren verschachtelte Nebensätze – also in Nebensätze eingefügte Nebensätze – das Satzverständnis. Diese sogenannten „Schachtelsätze" erhöhen nochmals die Komplexität, die der deutsche Satz auf Grund der Satzklammer ohnehin mit sich bringt (s. Abschn. 3.3.1): Das Verb entfernt sich weiter als nötig vom Subjekt, die Kernaussage des Satzes ist schwierig zu erfassen. Dabei lassen sich solche Schachtelsätze mit den gleichen Mitteln umgehen, die sich im Kampf gegen die Satzklammer sowie gegen Nominalgruppen und Klemmkonstruktionen bewähren: erstens durch Vorziehen des Verbs; zweitens durch Auflösen der Verschachtelung mit Hilfe von Nachträgen und ausgegliederten Sätzen; und drittens durch Streichen überflüssiger Angaben.

3.3 Der leserfreundliche Satz

Beispiele: Schachtelsätze sind einfach aufzulösen, wie sich anhand folgender Textpassagen zeigen lässt.

(1) Eine Unternehmensberatung präsentiert auf ihrer Website komplexe Formulierungen – und schreckt vor zahlreichen, teils verschachtelten Nebensätzen nicht zurück:

Original	mit aufgelöstem Schachtelsatz
Sie werden überrascht sein, wenn sich alle Zweifel in Luft auflösen und Sie erkennen, wie wirkungsvoll die Lösung ist. Mehr noch, Sie werden verblüfft sein, wenn Sie erkennen, dass die Lösung, um die es hier geht, perfekt zu Ihrer Denkweise, Ihren Strukturen und Prozessen passt.	*Sie werden überrascht sein. Denn alle Zweifel werden sich in Luft auflösen – und Sie werden erkennen, wie wirkungsvoll die Lösung ist. Mehr noch: Sie werden verblüfft sein und feststellen, dass diese Lösung perfekt zu Ihrer Denkweise, Ihren Strukturen und Prozessen passt.*

(2) Eine internationale Interessenorganisation hält verschachtelt fest:

Original	mit aufgelöstem Schachtelsatz
Wenn wir ausserdem die Tatsache berücksichtigen, dass sich viele Arbeitnehmer über ihre Arbeitsbedingungen beklagen und dass es nicht genügend Solidarität zwischen den Kollegen gibt (ganz einfach weil die Zeit häufig zum Aufbau von Vertrauensverhältnissen nicht reicht), wird leicht verständlich, dass die sozialen Beziehungen zwischen Kollegen zu einem erheblichen Stressfaktor werden können.	*Viele Arbeitnehmer beklagen sich über ihre Arbeitsbedingungen. Zudem gibt es nicht genügend Solidarität zwischen den Kollegen – und zwar, weil die Zeit zum Aufbau von Vertrauensverhältnissen häufig nicht reicht. So verursachen die sozialen Beziehungen zwischen Kollegen leicht erheblichen Stress.*

(3) Ein Nachsatz verhilft folgender Passage aus einer Tageszeitung zu mehr Leichtigkeit:

Original	mit aufgelöstem Schachtelsatz
Eine Hürde auf dem Weg zur Realisierung der Abmachungen konnte am Dienstag aus dem Weg geräumt werden. Der Spion, der seit mehr als einem Jahrzehnt in amerikanischen Strafanstalten inhaftiert ist, hatte { vor dem Obersten Gericht mit dem Argument, dass die Amerikaner während der ersten Verhandlungen versprochen hätten, ihn auf freien Fuss zu setzen, Einspruch gegen die Freilassung weiterer Gefangener } erhoben. Die Richter wiesen den Einspruch mit dem Hinweis auf die Gewaltentrennung zurück.	*Eine Hürde auf dem Weg zur Realisierung der Abmachungen wurde am Dienstag aus dem Weg geräumt: Der Spion, der seit mehr als einem Jahrzehnt in amerikanischen Strafanstalten inhaftiert ist, hatte gegen die Freilassung weiterer Gefangener vor dem Obersten Gericht Einspruch erhoben. Sein Argument: Die Amerikaner hätten während der ersten Verhandlungen versprochen, ihn freizulassen. Die Richter wiesen den Einspruch mit dem Hinweis auf die Gewaltentrennung zurück.*

Der Infinitivsatz „ihn auf freien Fuss zu setzen" ist Teil des Nebensatzes „dass die Amerikaner ... versprochen hätten" und damit ein Schachtelsatz. Darüber hinaus liegt eine Satzklammer vor. Denn im Original liegen zwischen Hilfsverb *hatte* und Kernverb *erhoben* – unter anderem auf Grund des Schachtelsatzes – 28 Wörter. Wird der Inhalt des Schachtelsatzes als Nachtrag präsentiert, reduziert sich die Satzklammer auf ein leserfreundliches Mass.

▶ **Regel** Verzichten Sie auf Nominalgruppen und Klemmkonstruktionen, muten Sie Ihren Lesern keine Schachtelsätze zu. Ein Satz zu viel ist keine Schande, wenn der Text dadurch an Leserfreundlichkeit gewinnt!

3.3.3 Das passive Verb: eine umstrittene Ausdrucksform

Das Problem
Nummer 1.2.3 der Checkliste behandelt die Nachteile der passiven Verbalformen: Passive Sätze sind vor allem dann schwerer verständlich, wenn sie umkehrbar (reversibel) sind. Umkehrbar ist ein Passivsatz, falls die Vertauschung von Subjekt und handelnder Person wieder einen sinnvollen Satz ergibt. So ist der folgende Passivsatz umkehrbar: *Der FC Zürich wurde gestern Nachmittag vom FC Basel*

3.3 Der leserfreundliche Satz

besiegt. Denn die Umkehrung *Der FC Basel wurde gestern Nachmittag vom FC Zürich besiegt* ist inhaltlich ebenso möglich wie sinnvoll. Abgesehen davon bleibt das Passiv in den Augen vieler Stilistiker umstritten, da es oft weniger Information als das aktive Verb liefert.

Das Passiv: arm an Information

Die Verständlichkeit eines Textes wächst durch eine direkte, an Verben reiche Ausdrucksweise. Aus dieser Sicht ist das Passiv nicht zu beanstanden, da es einem vollwertigen Verb entspricht. Dennoch steht das Passiv seit langem im Schussfeld der Sprachkritik.

Konkret wirft die Sprachkritik dem Passiv vor, dass sein Gebrauch den Urheber oder die verantwortliche Person (das sogenannte ‚Agens' oder den ‚Täter') verschweigt. Tatsächlich quält uns in Aussagen wie „das Budget wurde überschritten" oder „die Entscheidung wurde hart kritisiert" die Frage „von wem?" – doch der Text verschweigt uns diese (oft entscheidende) Information.

Es kommt hinzu, dass das Passiv im Alltag oft unpersönlich und anonym wirkt. Studien zeigen schliesslich, dass die Glaubwürdigkeit passiver (distanzierter) Formulierungen geringer ist als diejenige aktiver (Nähe suggerierender) Verben. Wir sollten deshalb nach Möglichkeit das aktive Verb bevorzugen, zumal es für die meisten passiven Ausdrücke eine aktive Alternative gibt.

Beispiele: Die folgenden Texte gewinnen an Verständlichkeit und Prägnanz, wenn wir die passiven Ausdrücke durch aktive Formulierungen ersetzen.

(1) *In diesem Dokument sind alle Anpassungen detailliert beschrieben sowie das Vorgehen und der Entscheid begründet.* (aus einem Behördenbericht)

Das passive Verb ist unnötig, denn als ‚Täter' ist das *Dokument* klar genannt: „Das Dokument beschreibt detailliert alle Anpassungen ..."

(2) *In unserer Klinik werden Patientinnen und Patienten im Bereich Neurochirurgie mit modernsten Diagnose- und Behandlungsverfahren behandelt und betreut.* (Stelleninserat einer Klinik)

Die ‚wir-Ansprache' liegt durch *unsere Klinik* bereits vor. Daher hindert nichts daran, *wir* zum Subjekt zu machen und das passive Verb durch ein aktives zu ersetzen: „In unserer Klinik behandeln und betreuen wir Patientinnen und Patienten …".

(3) *Seit dem 1. Januar 2000 müssen die Anforderungen der EKAS Richtlinie 6508 über den „Beizug von Arbeitsärzten und anderen Spezialisten der Arbeitssicherheit (ASA)" von den betroffenen Unternehmen umgesetzt sein.* (eine Unfallversicherung)

Erst recht ist die passive Formulierung unnötig, wenn der ‚Täter' bereits genannt ist. Also: „Seit dem 1. Januar 2000 müssen betroffene Unternehmen die Anforderungen der EKAS Richtlinie 6508 … umsetzen".

(4) *Mit der umfassenden Erneuerung des Bahnhofs in Davos werden die Einsteigeverhältnisse markant verbessert.* (Medienmitteilung eines Bahnunternehmens)

Der ‚Täter' verbirgt sich oft nicht nur hinter einer Formulierung mit *von …*, sondern ebenso hinter *durch …, mit …* u. a. m. Also heisst der Satz aktiv formuliert: „Die umfassende Erneuerung des Bahnhofs in Davos verbessert markant den Einstieg." Nochmals leserfreundlicher wird der Satz übrigens, indem man das aufgeblähte Abstraktum *Einsteigeverhältnisse* durch einfaches *Einstieg* ersetzt.

(5) *Mit dem Modul Warenverwaltung können alle Warenwirtschaftsprozesse der Filialen sowohl dezentral als auch zentral überwacht, gesteuert und optimiert werden.* (Website eines Informatikunternehmens)

Wie in den Beispielen zuvor liegt der ‚Täter' auf der Hand: „Das Modul Warenverwaltung überwacht, steuert und optimiert alle Warenwirtschaftsprozesse …"

3.3 Der leserfreundliche Satz

> (6) *Auf der Partizipationswebsite … wird in den kommenden Wochen das Thema Ausländerpartizipation aus unterschiedlichen Blickwinkeln betrachtet. Die Beiträge sind hier zu lesen …* (Facebook-Post einer städtischen Fachstelle)
>
> Der passive Ausdruck ist unnötig, zumal Posts auf sozialen Medien die direkte Aussage pflegen sollten. Also: „Die Partizipationswebsite … beleuchtet in den kommenden Wochen das Thema Ausländerpartizipation aus unterschiedlichen Blickwinkeln. Lesen Sie die Beiträge unter …"

‚Versteckte' Passivformulierungen

Zusätzlich zum klassischen Passiv (mit dem Hilfsverb *werden*) existieren Formulierungen, die ‚versteckt' passiv sind. Hierzu gehören Formulierungen mit „ist … zu" und „lässt sich …", Adjektive auf „-bar" sowie gewisse Streckverben (Abb. 3.9).

	‚versteckt' passiv …	heisst ‚offen' passiv …
Formulierungen mit „ist zu …"	*Diese Aufgabe ist zu lösen.*	*Diese Aufgabe muss gelöst werden.*
Formulierungen mit „lässt sich …"	*Diese Aufgabe lässt sich lösen.*	*Diese Aufgabe kann gelöst werden.*
Adjektive auf „-bar"	*Diese Aufgabe ist lösbar.*	*Diese Aufgabe kann gelöst werden.*
gewisse Streckverben	*Die Massnahme gelangt zur Anwendung.*	*Die Massnahme wird angewendet.*

Abb. 3.9 ‚Versteckte' Passivformulierungen. (Quelle: eigene Darstellung)

Beispiel: Der folgende Textauszug eines Herstellers von Sicherheitsanlagen enthält gleich mehrere ‚versteckte' wie ‚offene' Passivformulierungen. Machen wir bereits im Text enthaltene ‚Täter' zu Subjekten, vermeiden wir die meisten dieser Formulierungen und verleihen dem Text deutlich mehr Überzeugungskraft.

*Unser Produkt basiert auf RFID-Standards und benötigt als eigenständiges System keine Verkabelung. Es ermöglicht die Speicherung zeitlich begrenzter, individueller Berechtigungen auf dem Zutrittsmedium. Neue Berechtigungen oder Änderungen **lassen sich** einfach ausführen, ohne dass dabei die Türkomponenten neu programmiert **werden müssen**. Die gesamte Anlage **lässt sich** damit zentral und übersichtlich verwalten. Durch die clevere Schnittstelle können die einzelnen Komponenten nahtlos in Zutrittssysteme oder Zeiterfassungssysteme **integriert werden**. Bestehende mechanische Anlagen können gleichzeitig **verwaltet** und flexibel **ausgebaut werden**.*

Viele ‚Täter' sind bereits im Text genannt, ein weiteres Subjekt ist leicht zu finden: „die Benutzer". Sie machen die meisten Passivformulierungen unnötig: „Unser Produkt XY basiert auf RFID-Standards ... Es ermöglicht den Nutzern, auf dem Zutrittsmedium individuelle, zeitlich begrenzte Berechtigungen zu speichern. Dadurch führen Benutzer neue Berechtigungen oder Änderungen einfach aus, ohne die Türkomponenten neu zu programmieren – und verwalten die gesamte Anlage zentral. Die clevere Schnittstelle integriert die einzelnen Komponenten nahtlos in Zutrittssysteme oder Zeiterfassungssysteme. Die Benutzer verwalten bestehende mechanische Anlagen gleichzeitig und bauen diese flexibel aus."

▶ **Regel** Das passive Verb – gleichgültig ob ‚offen' oder ‚versteckt' – ist informationsarm, wirkt unpersönlich und wenig glaubwürdig. Suchen Sie daher immer den ‚Täter' und die aktive Formulierung.

3.4 Der leserfreundliche Text

3.4.1 Kein ‚Ratespiel' für Leser

Das Problem
Die Nummer 1.3.1 der Checkliste behandelt die Symptome leserfeindlicher Texte: Viele Texte sind nicht einfach auf Grund ihres Wortlautes, sondern nur mit Hilfe von Zusatzvermutungen verständlich. Meistens sind es gehäufte grammatische Fehler und Verstösse gegen die Leserfreundlichkeit, die das ‚geistige Korrekturprogramm' des Lesers fordern.

Der leserfeindliche Text
Immer öfter geraten wir an Texte, deren Aussage uns nicht völlig klar wird. Oder schlimmer: Wir lesen einen Text und verstehen ihn beim besten Willen nicht. Die Ursachen für eine solch missglückte Kommunikation sind stets die gleichen: Der Schreiber begeht eine Reihe von Verstössen gegen die Grundregeln der Interpunktion und Grammatik sowie gegen gewisse Prinzipien der Leserfreundlichkeit.

> **Beispiele:** Die folgenden Textpassagen beanspruchen unser geistiges Korrekturprogramm in unterschiedlichem Masse. Während Beispiel (1) nur unmerklicher Korrekturen bedarf, stellt Beispiel (2) unser Korrekturprogramm auf eine harte Probe.
>
> (1) *Mit der Zusatzversicherung schliessen Sie Lücken der Grundversicherung. Im Gegenteil zur obligatorischen Grundversicherung ist die Wahl einer Zusatzversicherung freiwillig. Ein weiterer Unterschied ist die Pflicht, eine Gesundheitsdeklaration auszufüllen. Eine Zusatzversicherung empfiehlt sich daher frühzeitig abzuschliessen.* (Website einer Krankenkasse)
>
> Die Formulierung ist unbeholfen: Die Präposition *mit* ist nicht sinngemäss verwendet (korrekt ist *durch*); *im Gegenteil zu* steht für hier gemeintes *im Gegensatz zu*; der dritte Satz „ein weiterer Unterschied ..." enthält gleich vier abstrakte Substantive; und der letzte Satz lässt offen, wer genau was abzuschliessen hat. Dennoch erkennt das geistige Korrekturprogramm den Sinn der Aussage einigermassen klar: „Eine frei-

willige Zusatzversicherung schliesst Lücken in Ihrer obligatorischen Grundversicherung. Allerdings müssen Sie vor Abschluss einer Zusatzversicherung eine Gesundheitsdeklaration ausfüllen. Entscheiden Sie sich daher bereits in jungen Jahren für eine Zusatzversicherung."

(2) *Raum- und Einrichtungsfantasien beleben die Unternehmenskultur. Zeitgemässe Arbeitswelten begeistern und implizieren die Leistungserbringung. Der ständige Wechsel zwischen Kommunikation und Konzentration ruft nach neu gestalteten Meeting- und Ruhezonen. So wird der Empfangsbereich zum kreativen „Coworking Space" mit Visualisierungstools und Showelementen. Das explizit gelebte Corporate Design wird Praxis – und Faszination.* (Website eines Herstellers von Büroeinrichtungen)

Gehäufte Abstrakta und Fremd- beziehungsweise Fachwörter machen diesen Text so schwer verständlich, dass sich sein Sinn nur durch freies Interpretieren erschliesst. Gemeint ist wohl: „Zeitgemäss eingerichtete Räume machen die Unternehmenskultur lebendig. Sie stehen für eine moderne, begeisternde Arbeitswelt und motivieren die Arbeitnehmer, ihre Leistung zu erbringen. Im heutigen Arbeitsalltag folgen Phasen der Kommunikation rasch auf solche der Konzentration. Dies erfordert neu gestaltete Begegnungs- und Ruhezonen. Moderne Unternehmen machen daher bereits ihre Empfangsräume zu einer visuell gestalteten, attraktiven Begegnungszone. Dies verleiht dem Corporate Design Leben und transportiert es in die Praxis."

Diese beiden Beispiele zeigen, dass wir zwischen zwei Typen leserfeindlicher Texte unterscheiden müssen:

1. Erster Typ: Der Text ‚hinkt' zwar, doch ist er zugänglich. Meist müssen wir den Text bewusst oder unbewusst in unserem Geist korrigieren, da er durch die sprachlichen Unzulänglichkeiten beziehungsweise ‚Sprachdummheiten' eine etwas andere als die beabsichtigte Aussage besitzt.
2. Zweiter Typ: Der Text und seine Aussagen sind uns unzugänglich. Unser geistiges Korrekturprogramm kapituliert angesichts der zahlreichen Verstösse.

3.4 Der leserfreundliche Text

Sowohl Texte des ersten wie des zweiten Typus stellen für den Leser eine Zumutung dar und missachten die Leserfreundlichkeit. Texte des ersten Typus zwingen den Leser zum unerwünschten Ratespiel; Texte des zweiten Typus verwehren dem Leser den inhaltlichen Zugang.

Sprachdummheiten
Hinkende Texte des ersten Typus sind oft durch sogenannte Sprachdummheiten gekennzeichnet. Die Mehrzahl der klassischen Sprachdummheiten lässt sich in der Praxis einer der folgenden Kategorien zuordnen:

> **Beispiele:** Die folgenden Textpassagen enthalten klassische Sprachdummheiten.
>
> 1. Missachteter Komparativ (Steigerungsform ohne Vergleichsglied). **Beispiele**:
>
>   (1) *Die Sommer werden wärmer.* (eine oft gelesene Formulierung)
>
>   Der Leser muss sich das Vergleichsglied hinzudenken: „Die Sommer werden immer wärmer".
>
>   (2) *Banken verlangen zur Genehmigung solcher Investitionskredite einerseits Unterlagen zur kurz- und längerfristigen Gewinn- und Verlustbeurteilung, anderseits einen längerfristigen Businessplan.* (ein Fachbuch)
>
>   Zu *längerfristig* fehlt ein Vergleichsglied. Daher ist *langfristig* die korrekte Formulierung: „Die Banken ... verlangen Unterlagen zur kurz- und langfristigen Gewinn- und Verlustbeurteilung sowie einen langfristigen Businessplan."

2. Missachteter Superlativ (Superlativ anstelle des vergleichenden Komparativs).
Beispiele:

(1) *der kälteste Februar seit einem Jahrzehnt ...*

(2) *der wärmste Sommer seit drei Jahren ...*

(immer wiederkehrende Wendungen)

In diesen versteckten Vergleichen sind die Superlative *kälteste* beziehungsweise *wärmste* irreführend. Denn hier sind die Komparative gefragt: Seit einem Jahrzehnt war kein Februar kälter, seit drei Jahren kein Sommer wärmer (aber der Februar vor zehn Jahren war noch kälter, der Sommer vor vier Jahren noch wärmer).

3. Falscher Bezug des Adjektivs oder Partizips.
Beispiele:

(1) *Vandalen haben Fahrräder betrunken in See geworfen* (Headline in einer Tageszeitung)

Es sind kaum die Fahrräder, die betrunken im See gelandet sind ... Der Bezug des prädikativen Attributs *betrunken* ist also unklar. Leserfreundlich lautet die Aussage: „Betrunkene Vandalen haben Fahrräder in den See geworfen."

(2) *Unfälle mit getöteten Personen auf Schweizer Strassen haben sich letztes Jahr wieder gehäuft; insbesondere auf dem Fussgängerstreifen. Es besteht Handlungsbedarf!* (Informationsmagazin einer Institution für Unfallverhütung)

3.4 Der leserfreundliche Text

Nimmt der Leser diese Formulierung wörtlich, bedeutet der Satz: In der Schweiz verunfallen immer mehr Tote auf Fussgängerstreifen. Selbstverständlich ist leicht zu erraten, was der Autor wirklich ausdrücken will: „Die tödlichen Unfälle auf Fussgängerstreifen häufen sich" oder „Immer mehr Menschen verunfallen auf Fussgängerstreifen tödlich".

(3) *Prüfen Sie deshalb Ihr Versicherungsprofil und nehmen Sie allfällige Korrekturen in Ihrer Lohnbuchhaltung vor.* (eine Unfallversicherung)

Gemeint sind hier nicht die *allfälligen Korrekturen*, sondern *allenfalls erforderliche Korrekturen*. Der Satz hat also zu lauten: „Prüfen Sie Ihr Versicherungsprofil und nehmen Sie bei Bedarf Korrekturen in Ihrer Lohnbuchhaltung vor."

4. Mehrfache Verneinungen.
Beispiele:

(1) *Im bis auf 300 Plätze nicht ausverkauften Stadion erlebte das Publikum ein hart geführtes Finalspiel.* (eine Tageszeitung)

Ist das Stadion *bis auf 300 Plätze nicht ausverkauft*, sind nur 300 Zuschauer anwesend. Dies ist hier selbstverständlich nicht der Fall, denn eine von zwei Verneinungen beziehungsweise einer der beiden verneinenden Ausdrücke – entweder *bis auf ...* oder *nicht (ausverkauft)* – ist überflüssig. Am einfachsten korrigieren wir: „Im bis auf 300 Plätze ausverkauften Stadion ..."

(2) *Fazit zum Wettbewerb: Dass sich unter den fünf Preisträgern drei klassische Streichquartette finden, belegt, dass sich junge Musiker durch modischen Avantgardismus nicht ungünstig beeinflussen lassen.* (aus einer Musikzeitschrift)

Werden die jungen Musiker erfreulicherweise nicht durch kurzlebige Modeerscheinungen beeinflusst? Oder ist ein derartiger Einfluss vorhanden, wirkt sich aber günstig aus (sprich: der Einfluss ist „nicht ungünstig" = recht günstig)? – Gemeint ist wohl Erstgenanntes: „Die Musiker unterliegen keinen kurzlebigen Einflüssen ..."

5. **Unklar formulierte Zahlenangaben.**
   Beispiele:

   (1) *Vor 50 Jahren war er mit einer Fläche eineinhalbmal so gross wie die Schweiz noch der viertgrösste See der Welt. Inzwischen ist der Aralsee auf zwei Fünftel davon geschrumpft* ... (Tageszeitung)

   Zwei Fünftel davon lässt den Leser im Unklaren: Bezieht sich *davon* auf die einstige Gesamtfläche des Sees oder auf die Fläche der Schweiz? – Gemeint ist Erstgenanntes.

   (2) *Wussten Sie, dass Cyberkriminalität dieses Jahr weltweit die 1 Billion-Grenze erreichen könnte?* (Ankündigung eines IT-Unternehmens)

   Die Botschaft tönt bedrohlich, doch von welcher Billionengrenze ist die Rede? – Leserfreundlich lautet der Text: „Schon bald könnte Cyberkriminalität mehr als eine Billion Dollar an Schaden verursachen", oder „Schon bald könnte der durch Cyberkrimininalität verursachte Schaden die Grenze von einer Billion Dollar überschreiten".

6. **Missbräuchlich verwendete Präposition „mit".**
   Beispiele:

   (1) *Mit unserem Produkt entscheiden Sie sich nicht nur für eine Software, sondern auch für einen Anbieter mit profunder Kenntnis des Detailhandels.* (Factsheet eines Informatikunternehmens)

   Die Präposition *mit* ist in diesem Beispiel weit von ihrer eigentlichen Bedeutung *zusammen mit* ... entfernt. Gemeint ist vielmehr:

3.4 Der leserfreundliche Text

> „Entscheiden Sie sich für unser Produkt, dann entscheiden Sie sich für einen Anbieter, der den Detailhandel kennt ..."
>
> (2) *Mit einem einheitlichen Erscheinungsbild wird die Stadt als Absenderin einer Botschaft auf den ersten Blick erkannt.* (die Website einer Stadtverwaltung)
>
> Wie im Beispiel oben ist die Präposition *mit* hier nicht korrekt verwendet. Gemeint ist vielmehr: „Ein einheitliches Erscheinungsbild macht unsere Stadt als Absenderin einer Botschaft auf den ersten Blick kenntlich."

Nichts mehr zu retten
Neben den hinkenden Texten des ersten Typus stossen wir gelegentlich auf Texte des zweiten Typus, bei denen nichts mehr zu retten ist: Unser geistiges Korrekturprogramm kapituliert vor all den grammatischen Fehlern und den Verstössen gegen die Leserfreundlichkeit. Oft verbergen sich hinter derartigen Texten gute Absichten: Der Autor bemüht sich, schwierige Gedankengänge in Worte zu fassen und auf ein (zu) hohes sprachliches Niveau zu heben.

> **Beispiel:** Ein Messestand-Bauer lässt verlauten:
>
> *Ein individueller Messestand ist kein beliebiger Artikel. Die Entstehung eines neuen Standkonzepts ist immer ein Prozess in enger Zusammenarbeit mit dem Aussteller. Mit einer schrittweisen Annäherung an das optimale Resultat. Ein Basisaspekt dafür ist das Wissen über die Möglichkeiten des Unmöglichen.*
>
> Der Text ist auf weite Strecken nicht verständlich. Abgesehen von den zahlreichen Abstrakta (*Entstehung, Standkonzept, Zusammenarbeit* usw.) scheitert der Leser vor allem am letzten Satz: „Ein Basisaspekt dafür ist das Wissen über die Möglichkeiten des Unmöglichen." Der Sinn lässt sich bestenfalls erahnen: „Wir wissen, wie man Unmögliches möglich macht."

Weitere Beispiele solch sprachloser Texte haben wir bereits in Abschn. 1.2 angetroffen. Sie dienen uns als Warnung und legen den folgenden Leitspruch nahe: „Lieber ein solider Text ohne geistige Höhenflüge als ein Sammelwerk voller Absurditäten."

▶ **Regel** Geben Sie dem Leser keine Rätsel auf. Vermeiden Sie Sprachdummheiten, bleiben Sie auf dem Teppich Ihrer sprachlichen Möglichkeiten!

Literatur

zu Abschn. 3.2.1 (Abkürzungen, Namen und Fachbegriffe, Synonyme)

Cappon, Rene J. 2005. *Associated Press-Handbuch. Journalistisches Schreiben*. Berlin: Autorenhaus Verlag, S. 113–120.
Franck, Norbert. 2016. *Praxiswissen Presse- und Öffentlichkeitsarbeit. Ein Leitfaden für Verbände, Vereine und Institutionen. 3., aktualisierte und erweiterte Auflage*. Wiesbaden: Springer VS, S. 39–41.
Immel, Kai-Albrecht. 2014. *Regionalnachrichten im Hörfunk. Verständlich schreiben für Radiohörer*. Wiesbaden: Springer VS, S. 80–87.

zu Abschn. 3.2.2 (Fremdwörter: mit Mehrwert)

Liesem, Kerstin/Kränicke, Jörn. 2011. *Professionelles Texten für die PR-Arbeit*. Wiesbaden: VS Verlag, S. 30–32.

zu Abschn. 3.2.3 (die übersichtliche Wortgestalt)

Briese-Neumann, Gisa. 1993. *Professionell schreiben: Stilsicherheit und Spracheffizienz im Beruf*. Wiesbaden: Gabler, S. 83–84.
Hesse, Nils. 2019. *Wirtschaftsthemen verständlich vermitteln: Wie Sie mit ökonomischen Texten in Wissenschaft, Verwaltung und Unternehmen überzeugen*. Stuttgart: Schäffer-Poeschel, S. 40–53.

zu Abschn. 3.2.4 (konkret statt abstrakt)

Ahlke, Karola/Hinkel, Jutta. 2000. *Sprache und Stil. Ein Handbuch für Journalisten. 2., aktualisierte Auflage*. Konstanz: UVK Medien, S. 109–112.

Amatulli, Cesare/De Angelis, Matteo/Donato, Carmela. 2020. „Communicating the luxury dream: The moderating role of brand prominence on the effect of abstract versus concrete language on consumer responses." *Mercati & competitività-Open Access* 4.
Elliott, Brooke W./Rennekamp, Kristina M./White, Brian J. 2015. „Does concrete language in disclosures increase willingness to invest?" *Rev Account Stud* 20, S. 83–865.
Liesem, Kerstin. 2015. *Professionelles Schreiben für den Journalismus*. Wiesbaden: Springer VS, S. 38–40.
Pan, Lingling, et al. 2018. „Give it to us straight (most of the time): Top managers' use of concrete language and its effect on investor reactions". *Strategic Management Journal* 39.8, S. 2204–2225.
Weiss, Sabine. 1997. „EEG-Kohärenz und Sprachverarbeitung. Die funktionelle Verkopplung von Gehirnregionen während der Verarbeitung unterschiedlicher Nomina." In: G. Rickheit (Hrsg.). *Studien zur klinischen Linguistik. Modelle, Methoden, Interventionen*. Opladen: Westdeutscher Verlag, S. 124–146.

zu Abschn. 3.3.1 (die klare Wortstellung)

Baumert, Andreas/Verhein-Jarren, Annette. 2016. *Texten für die Technik. Leitfaden für Praxis und Studium*. 2. Auflage. Berlin/Heidelberg: Springer, S. 95–97.
Krogh, Anja. 2000. *Warten auf das Verb. Empirische Untersuchungen über Verbklammern als Problem beim Simultandolmetschen am Beispiel des Sprachenpaares Deutsch-Französisch*. Diplomarbeit Universität Heidelberg. Heidelberg.
Marschall, Matthias. 1994. „Satzklammer und Textverstehen. Zur Funktion der Verbendstellung im Deutschen." *Deutsche Sprache* 22, 310–330.

zu Abschn. 3.3.2 (der elegante Satz)

Baumert, Andreas/Verhein-Jarren, Annette. 2016. *Texten für die Technik. Leitfaden für Praxis und Studium*. 2. Auflage. Berlin/Heidelberg: Springer, S. 110–113.
Lackerbauer, Ingo. 2003. *Handbuch für Online-Texter und Online-Redakteure*. Berlin/Heidelberg: Springer, S. 145–147.
Liesem, Kerstin/Kränicke, Jörn. 2011. *Professionelles Texten für die PR-Arbeit*. Wiesbaden: VS Verlag für Sozialwissenschaften, S. 63–70.
Müller, Burkhard. 2016. „Wissenschaftliches Schreiben: Ein Erfahrungsbericht von der TU Chemnitz". In: A. Hirsch-Weber/A. Scherer (Hrsg.), *Wissenschaftliches Schreiben in Natur- und Technikwissenschaften. Neue Herausforderungen der Schreibforschung*. Wiesbaden: Springer Fachmedien, S. 207–226 (dort 220–225).
Schulz-Bruhdoel, Norbert/Fürstenau, Katja. 2013. *Die PR- und Pressefibel. Zielgerichtete Medienarbeit. Das Praxislehrbuch für Ein- und Aufsteiger. 6., überarbeitete und aktualisierte Auflage*. Frankfurt a.M.: Frankfurter Allgemeine Buch, S. 325–327.

zu Abschn. 3.3.3 (das passive Verb)

Chan, Eugene Y./Maglio, Sam J. 2020. „The voice of cognition: Active and passive voice influence distance and construal." *Personality and Social Psychology Bulletin* 46.4, S. 547–558.

Hansen, Jochim/Wänke, Michaela. 2010. „Truth From Language and Truth From Fit: The Impact of Linguistic Concreteness and Level of Construal on Subjective Truth." *Personality and Social Psychology Bulletin* 36(11), S. 1576–1588.

Kurz, Josef/Müller, Daniel/Pötschke, Joachim/Pöttkert, Horst/Gehr, Martin. 2010. *Stilistik für Journalisten. 2., erweiterte und überarbeitete Auflage.* Wiesbaden: VS Verlag, S. 65–69.

Pastoors, Sven/Meyer, Lars. 2020. *Das Konzept „Starke Sprache". Wie Sie mit klaren, wirksamen Formulierungen Ihre Ziele erreichen,* Wiesbaden: Springer Fachmedien, S. 14–15.

zu Abschn. 3.4.1 (kein ‚Ratespiel' für Leser)

Gassdorf, Dagmar. 2001. *Das Zeug zum Schreiben. Eine Sprachschule für Praktiker. 3. Auflage.* Frankfurt a.M.: F.A.Z-Institut, S. 100–115.

Gerhardt, Rudolf. 2001. *Lesebuch für Schreiber. Vom journalistischen Umgang mit der Sprache. Ein Ratgeber in Beispielen. 6. erweiterte und überarbeitete Auflage.* Frankfurt a.M.: F.A.Z-Institut, S. 105–108.

Logik – Führen Sie die Leser durch den Text

4.1 Was ist Logik?

Wir haben bisher gelernt, unsere Texte leserfreundlich zu gestalten. Auf dieser Grundlage wollen wir einen Schritt vorangehen und eine weitere Anforderung an unsere Texte stellen: Unsere Texte sollen logisch aufgebaut sein!

Konkret ist mit dem Ruf nach Logik gemeint, dass …

- auf der Satzebene die einzelnen Sätze folgerichtig ineinander übergehen (also die Textkohäsion intakt ist) und die logischen Zusammenhänge für den Leser stets ersichtlich sind.
- auf der Textebene eine Gliederung vorhanden ist, die den Leser vom Textanfang zum Textende geleitet. Erreicht wird eine solche Gliederung durch jeweilige Wiederholungen, Zusammenfassungen und Querverweise (die für eine so genannte „sinnvolle Redundanz" sorgen).

Das Wesen der Satzlogik wird durch den folgenden Vergleich zweier Mustertexte veranschaulicht, die jeweils den Begriff „Raub" umschreiben (aus der Beispielsammlung von I. Langer, F. Schulz v. Thun und R. Tausch 1974, S. 15; s. den Literaturverweis in Abschn. 2.3):

Text (1)	Text (2)
Was ist Raub? – Jemand wendet gegen einen anderen Gewalt an. Das ist Raub, es gehört ihm nämlich nicht. Er will es für sich behalten, was er ihm wegnimmt. Zum Beispiel ein Bankräuber, der dem Angestellten mit der Pistole droht. Auch wenn man jemandem droht, dass man ihm etwas Schlimmes antun will, ist es Raub.	*Was ist Raub? – Raub ist ein Verbrechen: Jemand nimmt einem anderen etwas weg, was ihm nicht gehört. Er will es behalten. Dabei wendet er Gewalt an oder droht dem anderen etwas Schlimmes an. Drei Dinge sind wichtig:* *1. etwas wegnehmen, was einem nicht gehört;* *2. es behalten wollen;* *3. Gewalt oder Drohung.* *Beispiel: Ein Bankräuber droht dem Angestellten mit der Pistole und nimmt sich das Geld.*

Der Unterschied zwischen beiden Texten ist augenfällig: Text (2) ist logischer als Text (1). Betrachten Sie hierzu folgende Gegenüberstellung:

Text (1)	Text (2)
wechselnde, unklare Bezüge („Wer/was ist jetzt wieder gemeint?")	klare Bezüge
Gedankensprünge	klare, ineinandergreifende Abfolge der Gedanken
keine äussere Gliederung	einfache Informationsaufbereitung durch Einzug und Nummerierung zusammengehöriger Textpassagen

Eine präzise Übersicht zur Logik bietet unsere Checkliste zur Logik in der folgenden Abbildung (Abb. 4.1).

Zum besseren Verständnis der Checkliste beziehungsweise der weiteren Ausführungen ist Folgendes zu berücksichtigen:

- Die Forderung nach Logik kann sich nur an die Satzebene und die Textebene, nicht aber an die Wortebene richten. Ein Abschnitt „Das logische Wort" entfällt also.
- Die auf der Checkliste „Logik" aufgeführten Nummern 2.1.1 bis 2.2.2 sind deutlich von Nummer 1.3.1 auf der Checkliste „Leserfreundlichkeit" abgegrenzt: Punkt 1.3.1 umfasst hinkende oder mehrheitlich unverständliche Sätze beziehungsweise Texte, die erhebliche Verstösse gegen Interpunktion, Grammatik und Leserfreundlichkeit zeigen (s. Abschn. 3.4). Die Punkte 2.1.1 bis 2.2.2 auf der

4.2 Der logische Satz

Checkliste Logik

Nr.	Was zeichnet unseren Text aus?	Was ist zu vermeiden?	Häufigkeit des Verstosses (s. Kapitel 2.4)
2. Logik			
2.1.1	• stimmige Satzanschlüsse durch Konjunktionen • eindeutige Satzanschlüsse durch Pronomen	• fehlende oder unlogische Satzanschlüsse durch Konjunktionen • missverständliche oder falsche Satzanschlüsse durch Pronomen	83 %
2.1.2	• richtige Zeitenfolge • korrekt verwendeter Konjunktiv I der indirekten Rede	• unstimmige Zeitenfolge • falsch gebildeter Konjunktiv I der indirekten Rede	49,8 %
2.2.1	• angemessene Informationsgestaltung	• fehlende Informationen	19,2 %
2.2.2	• logische Gedankenreihung	• Gedankensprünge (v.a. ein fehlender Zwischengedanke)	28,7 %

Abb. 4.1 Unsere Checkliste zur Logik. (Quelle: eigene Darstellung)

Checkliste betreffen hingegen die fortgeschrittenen sprachlichen Mittel der Textgliederung und des Textzusammenhalts (der Textkohäsion): Pronomen, Konjunktionen, die Zeiten und Aussageweisen des Verbums sowie anderes mehr.

▶ **Regel** Schreiben Sie logisch. Führen Sie Ihren Leser durch den Text!

4.2 Der logische Satz

4.2.1 Der Satzanschluss – klar und unmissverständlich

Das Problem
Nummer 2.1.1 der Checkliste behandelt den Gebrauch der koordinierenden (beiordnenden) Konjunktionen beziehungsweise Pronominaladverbien sowie der Pronomen:

Diese Wortklassen stellen sicher, dass die Einzelsätze eines Textes logisch und folgerichtig miteinander verbunden sind. Fehlen Konjunktionen beziehungsweise Pronominaladverbien und Pronomen oder werden sie unkorrekt verwendet, knüpfen die in den Einzelsätzen ausgedrückten Gedanken nur ungenügend oder sogar sinnwidrig aneinander an. Die Verständlichkeit des Satzes ist damit wesentlich beeinträchtigt.

Funktion von Konjunktionen und Pronomen
Die deutsche Sprache besitzt eine Vielzahl von Werkzeugen, um Einzelsätze miteinander zu verknüpfen und zusätzliche Informationen zu liefern. So geben Pronomen an, wer gemeint ist; und koordinierende (beiordnende) Konjunktionen sowie Pronominaladverbien zeigen uns, ob der Satz das Vorhergehende begründet, einen Einwand liefert oder eine zeitliche Abfolge angibt.

Die Bedeutung dieser ordnenden Wortklassen steht in umgekehrtem Verhältnis zu ihrer Grösse: Pronomen wie *er, sie, es* bestehen aus einer einzigen Silbe. Ebenso kurz sind koordinierende Konjunktionen wie *denn, aber, doch, auch* usw. – während Pronominaladverbien wie *dafür, damit, darum, darauf, dabei* u. a. m. immerhin zweisilbig sind. Gerne übersehen wir daher ihre ordnende Kraft.

In Unternehmenstexten lassen sich im Gebrauch dieser Wortklassen die folgenden Versäumnisse feststellen:

- Der Satzanschluss durch eine koordinierende Konjunktion oder ein Pronominaladverb ist vorhanden, doch ist die Konjunktion oder das Pronominaladverb unlogisch verwendet.
- Der Satzanschluss durch ein Pronomen ist vorhanden, doch das Pronomen …
  a. ist missverständlich gesetzt.
  b. verweist ins Leere.

Satzanschluss – Konjunktion ja oder nein?
Nicht jeder Satz muss mit dem vorhergehenden Satz durch eine koordinierende Konjunktion beziehungsweise ein Pronominaladverb verknüpft sein – doch in gewissen Fällen ist eine explizite Anbindung sinnvoll. Dies illustrieren die folgenden Textbeispiele:

(1) *Die Energiekosten sind gestiegen. Die Unternehmen müssen neu kalkulieren.*
(2) *Die Energiekosten sind gestiegen. Den Unternehmen bereitet dies keine Probleme.*
(3) *Die Energiekosten sind gestiegen. Die Unternehmen benötigen für ihre Produktion immer mehr Strom.*

4.2 Der logische Satz

Die Textbeispiele könnten wie folgt durch Konjunktionen beziehungsweise Pronominaladverbien ergänzt werden:

(1*) *Die Energiekosten sind gestiegen.* **Daher** *müssen die Unternehmen neu kalkulieren.* (Das Pronominaladverb signalisiert die Folge.)
(2*) *Die Energiekosten sind gestiegen. Den Unternehmen bereitet dies* **jedoch** *keine Probleme.* (Die Konjunktion signalisiert den Gegensatz.)
(3*) *Die Energiekosten sind gestiegen.* **Denn** *die Unternehmen benötigen für ihre Produktion immer mehr Strom.* (Die Konjunktion signalisiert die Begründung.)

Wir verstehen die Texte (1) und (2) nicht wesentlich schlechter als die mit Konjunktionen beziehungsweise Pronominaladverbien ergänzten Versionen (1*) und (2*). Dies liegt an unserem Vorwissen sowie der Semantik (dem Bedeutungsinhalt) der verwendeten Begriffe: Denn „gestiegene Energiekosten" implizieren als Folge Neukalkulationen und führen zu Problemen. Wir bezeichnen Texte wie (1) und (2) daher als semantisch zusammenhängend (kohärent). Das Fehlen einer Konjunktion beziehungsweise eines Pronominaladverbs wirkt sich in ihnen nicht nachteilig auf das Textverständnis aus.

Wie Text (3) zeigt, ist ein semantischer Zusammenhalt allerdings nicht in allen Situationen gegeben. Dass der Folgesatz in (3) eine Begründung liefert, liegt für den Leser nämlich nicht nahe. Daher ist die koordinierende Konjunktion „denn" wie in Variante (3*) zweckmässig, um den logischen Satzzusammenhang zu gewährleisten.

Konjunktionen logisch verwenden
Wie gerade gezeigt, kann das Fehlen eines Satzanschlusses Probleme bereiten. Oft verhält es sich jedoch genau umgekehrt: Wir fügen leichtfertig eine koordinierende Konjunktion in unseren Satz, die gar nicht dem logischen Sachverhalt entspricht.

> **Beispiele:** Vor allem die Konjunktionen *auch* und *aber* sind häufig ohne logischen Zusammenhang (d. h. ‚parasitär') gesetzt, wie die folgenden Textbeispiele belegen.
>
> (1) *ASA ist die Abkürzung für „Beizug von Arbeitsärzten und anderen Spezialisten der Arbeitssicherheit". Der Begriff ASA steht* **aber** *auch für den Aufbau eines unternehmenseigenen Sicherheitssystems und somit für eine systematische Prävention.* (eine Unfallversicherung)

Die Konjunktion *aber* ist im zweiten Satz sinnwidrig verwendet. Denn der Satz enthält keinen Gegensatz, weshalb *aber* ersatzlos entfallen muss: „ASA steht ferner für …"

(2) *Wir fertigen in der eigenen Werkstatt hochwertige Haus- und Innentüren an und rüsten diese mit unseren hochwertigen Schlössern und Schliessblechen aus. Darüber hinaus übernehmen wir* **auch** *die komplette Bauorganisation, weshalb wir regelmässig* **auch** *grössere Objekte mit Schliessanlagen ausstatten.* (ein Hersteller von Schliessanlagen)

Die Konjunktion *auch* ist oft parasitär verwendet. So in diesem Beispiel: *Auch* im zweiten Satz ist an beiden Stellen völlig entbehrlich.

(3) *Eine wandhängende WC-Keramik muss gemäss europäischen Normvorschriften ein Gewicht von bis zu 400 kg tragen. Entsprechend müssen* **auch** *die Installationselemente, an denen die Keramik befestigt ist, für solch eine hohe Belastung ausgelegt sein.* (Kundenmagazin eines Sanitärherstellers)

Da zuvor von keinen anderen Trageelementen die Rede gewesen ist, ergibt *auch* keinen logischen Sinn – und ist zu streichen.

(4) *Ob die Heirat, die Geburt eines Kindes oder eine Scheidung ansteht – sie verändern die persönlichen Lebensumstände nachhaltig. Häufig sind in solchen Situationen* **auch** *Ausweise zu erneuern oder Sie benötigen Beglaubigungen.* (Website einer Stadtverwaltung)

Die Konjunktion *auch* ist im zweiten Satz parasitär und hat zu entfallen.

4.2 Der logische Satz

(5) *Der Wert börsenkotierter Unternehmen lässt sich leicht anhand der Aktienkurse ermitteln. Bei KMU stellen sich punkto Bewertung **jedoch** spezielle Herausforderungen.* (Website eines Verbands)

Der zweite Satz markiert keinen Gegensatz zum ersten Satz – die Konjunktion *jedoch* führt also in die Irre. Denn sie entstammt einem nicht ausgedrückten Zwischengedanken (s. Abschn. 4.3.2): „(Der Wert börsenkotierter Unternehmen ist einfach anhand des Aktienkurses zu ermitteln.) KMU lassen sich jedoch nicht so einfach bewerten. (Ihre Bewertung stellt daher besondere Herausforderungen.)"

Das rückverweisende Pronomen als Stolperstein
Wie Konjunktionen spielen Pronomen bei der Verknüpfung einzelner Sätze zu einem Text eine wichtige Rolle. Denn sie haben die Aufgabe, uns in rückverweisender Funktion ein bereits genanntes Wort in Erinnerung zu rufen. Allerdings ist der Gebrauch dieser Pronomen nicht ohne Tücken. Oftmals neigen wir in der Hitze des Gefechts nämlich dazu, das Pronomen …

- missverständlich, da ohne eindeutige Zuordnung zu verwenden.
- ohne klares vorausgehendes Bezugswort zu verwenden.

Die folgende Tabelle zeigt die beiden wesentlichen Probleme beim Gebrauch der Pronomen (Abb. 4.2):
In der Praxis bewähren sich die folgenden beiden Faustregeln:

- Prüfen Sie jede Verwendung des Pronomens *er, sie, es/seine, ihre* und stellen Sie den eindeutigen Bezug sicher. Kann sich das Pronomen auf mehrere Begriffe im vorangehenden Satz beziehen, ist die Wiederholung des Bezugsworts meist die beste Lösung (sinnvolle Redundanz).
- Prüfen Sie jede Verwendung des Pronomens *dieser, diese, dieses + Bezugswort*. Wiederholen Sie stets das Bezugswort des vorangehenden Satzes, also: „Massnahmen … diese Massnahmen, Probleme … diese Probleme" usw.

Problem	nicht logisch	Kommentar und logische Variante
missverständliches Pronomen ohne klare Zuordnung	Die **Frankenstärke** bereitet der **Industrie** grosse **Mühe**. **Sie** hofft deshalb auf eine baldige Aufwertung des Euros.	Das Pronomen *sie* ist mehrdeutig verwendet, da es sich auf *Frankenstärke*, *Industrie* oder *Mühe* beziehen kann. Da hilft nur eine Wiederholung des Bezugsworts: „Die Frankenstärke bereitet der Industrie grosse Mühe. Die Industrie hofft deshalb auf eine baldige Aufwertung des Euros."
Pronomen ohne vorausgehendes Bezugswort	Die Industrie sucht nach Massnahmen, um der Frankenstärke wirksam zu begegnen. *Diese Lösungen* sollen rasch umsetzbar sein.	*Diese Lösungen* verweist ins Leere. Denn im vorangehenden Satz ist nicht der Begriff *Lösungen*, sondern *Massnahmen* verwendet. Logisch lautet die Passage also: „Die Industrie sucht nach Massnahmen, um der Frankenstärke wirksam zu begegnen. Diese Massnahmen sollen rasch umsetzbar sein."

Abb. 4.2 Probleme bei der Verwendung von Pronomen. (Quelle: eigene Darstellung)

> **Beispiele:** Selbst erfahrenen Schreibern unterlaufen im Gebrauch der rückverweisenden Pronomen Versehen. In den folgenden Textpassagen sind Pronomen missverständlich oder ohne Bezugswort gesetzt.
>
> (1) *Dank toller **Angebote** rund um Kultur und Sport bietet die Regionalbank ihren Mitgliedern attraktive **Vorteile**. **Sie** sind sehr beliebt, nutzen doch jährlich über eine halbe Million Mitglieder die Angebote.* (Website einer Bank)
>
> Im zweiten Satz ist das Pronomen *sie* unklar verwendet, denn es kann sich auf *Angebote* oder *Vorteile* beziehen (wogegen ein Bezug auf *Mitglieder* auf Grund des Sinns nicht plausibel ist). Eine Entscheidung zugunsten einer der beiden Varianten fällt schwer. Denn Angebote wie Vorteile „sind sehr beliebt".

4.2 Der logische Satz

(2) *Der **Seidenfabrikant** Ernst Meyer liess vor über hundert Jahren am See einen prächtigen **Bade- und Bootspavillon** errichten. **Seine** Restaurierung ist jetzt mir derselben Auszeichnung geehrt worden, wie sie einst die Mailänder Scala erhalten hat.* (aus einer Tageszeitung)

Das Pronomen *seine* kann auf *Seidenfabrikant* wie den *Pavillon* verweisen. Der Leser wird den Bezug zunächst beim Subjekt des vorangehenden Satzes – also bei *Seidenfabrikant* – suchen und über den Sinn stolpern. Daher ist die Wortwiederholung die sichere Variante: „Die Restaurierung des Pavillons ist jetzt mit der gleichen Auszeichnung geehrt worden wie …".

(3) *Wollen Sie wissen, wo angesichts der gegenwärtigen Regulierungsflut Ihre Herausforderungen liegen und wie wir Sie künftig in **dieser Angelegenheit** unterstützen können? – Der nächste Newsletter liefert die Antworten.* (Newsletter eines Bankdienstleisters)

Diese (Angelegenheit) verweist ins Leere, denn zuvor ist der Begriff *Angelegenheit* nicht im Text erschienen. Gemeint ist wohl: „… Wollen Sie wissen, wie wir Sie bei der Bewältigung der herausfordernden Regulierungsflut unterstützen?"

(4) *Unsere Hochschule pflegt eine Qualitätskultur, die sich durch einen lebhaften Diskurs auszeichnet. Vielfältige Kommunikations- und Dialogaktivitäten unterstützen **diesen Austausch**.* (Website einer Hochschule)

Da der Begriff *Austausch* im Satz zuvor nicht gefallen ist, ist der Bezug von *diesen (Austausch)* nicht logisch. Korrekt muss es heissen: „Reichhaltige Kommunikationsaktivitäten unterstützen diesen Diskurs."

> (5) *Der Aufbau der elektronischen Identitätskarte erfolgt in Kooperation zwischen Staat und Privatwirtschaft. Geeignete private **Anbieter** werden von den zuständigen staatlichen Stellen zur Ausstellung von **elektronischen Identitätskarten** und zum Betrieb von **entsprechenden Systemen** ermächtigt. **Diese** müssen untereinander interoperabel sein respektive miteinander interagieren.* (Website eines Verbands)
>
> Im dritten Satz ist der Verweis mit *diese* mehrdeutig, da ein Bezug auf *Anbieter, elektronische Identitätskarten* oder *entsprechende Systeme* möglich ist. Logisch, da sinnvoll redundant lautet die Aussage also: „Diese Systeme müssen miteinander vereinbar (d. h. interoperabel) sein ..."

▶ **Regel** Verwenden Sie koordinierende Konjunktionen überlegt. Kontrollieren Sie den Gebrauch der rückverweisenden Pronomen.

4.2.2 Zeiten und Aussageweisen des Verbs – im Dienst des Textzusammenhangs

Das Problem
Nummer 2.1.2 der Checkliste behandelt den Gebrauch der Zeiten (Tempora) und Aussageweisen (Modi) des Verbs. Zeiten wie Aussageweisen sind wichtige Textsignale und damit für die innere Logik des Textes ausschlaggebend: Die Zeiten orientieren über die zeitliche Perspektive der Handlung; die Aussageweisen bezeichnen den Realitätsgrad der Handlung. Der Gebrauch von Zeiten und Aussageweisen unterliegt klaren grammatischen Regeln. Diese Regeln werden allerdings selbst von erfahrenen Schreibern oft übersehen, worunter die innere Logik und die Verständlichkeit des Satzes leiden.

Zeiten und Aussageweisen: wichtige Textsignale
Die grammatischen Zeiten und Aussageweisen des Verbs dienen als versteckte Textsignale, die jeweils für eine gewisse Textpartie gelten. Dabei geben die Zeiten Auskunft über die zeitliche Perspektive der Handlung oder des Sprechers; die Aussageweisen zeigen an, ob die Handlung wirklich stattfindet oder nur behauptet, möglich, unwirklich oder anderes mehr ist.

Über die wichtigsten Signalfunktionen orientiert die folgende Tabelle (Abb. 4.3).

4.2 Der logische Satz

	Bezeichnung	Signal	Beispiel
Zeiten der Gruppe I ‚besprochene' Welt	*Präsens*	Sprecherperspektive: Gegenwart	*Das Unternehmen schreibt Gewinn.* – Eine grundsätzliche Feststellung: Aktien des Unternehmens sind daher attraktiv.
	Perfekt	Rückschau zur Gegenwart	*Das Unternehmen hat letztes Jahr Gewinn geschrieben.* – Eine aktuelle Feststellung: Die Aktionäre erhalten deshalb dieses Jahr eine Dividende.
	Futur I	Vorschau zur Gegenwart	*Das Unternehmen wird dieses Jahr Gewinn schreiben.* – Eine vorausschauende Feststellung: Die Aktionäre können deshalb nächstes Jahr mit einer Dividende rechnen.
Zeiten der Gruppe II ‚erzählte' Welt	*Präteritum*	Sprecherperspektive: Vergangenheit	*Das Unternehmen schrieb vor zehn Jahren noch Gewinn.* – Eine Feststellung, die ohne aktuellen Bezug von der Vergangenheit handelt: Vor Jahren waren die Aktien des Unternehmens attraktiv.
	Plusquamperfekt	Rückschau zur Vergangenheit	*Nachdem das Unternehmen vor zehn Jahren noch Gewinn geschrieben hatte, rutschte es vor einigen Jahren in die roten Zahlen.* – Wie oben beim Präteritum.
Aussageweisen	*Indikativ*	Bejahung (Geschehen findet wirklich statt)	*Das Unternehmen schreibt (wirklich) Gewinn.* – Eine Feststellung, an der keine Zweifel bestehen.
	Imperativ	Befehl (Geschehen muss erfolgen)	*Das Unternehmen soll Gewinn schreiben!* – Eine Aufforderung, deren Dringlichkeit deutlich wird.
	Konjunktiv I	schwache Relativierung (Geschehen ist behauptet, denkbar, möglich)	*Der CEO bekräftigt/hat bekräftigt/bekräftigte, das Unternehmen schreibe Gewinn.* – Eine Aussage im Nebensatz, an der leichte Zweifel gestattet sind.
	Konjunktiv II	starke Relativierung (Geschehen ist unwirklich, nur vorgestellt oder gewollt)	*Wäre der Eurokurs nicht stark gefallen, hätte das Unternehmen Gewinn geschrieben.* – Eine Feststellung, die sich nicht bewahrheitet und daher rein hypothetisch ist.

Abb. 4.3 Zeiten und Aussageweisen des Deutschen. (Quelle: eigene Darstellung)

Der Gebrauch der Zeiten und Aussageweisen unterliegt grammatischen Regeln. Missachten wir diese Regeln, leidet die Logik unserer Texte.

Der Gebrauch der Vergangenheitszeiten
Besondere Probleme bereiten die drei Vergangenheitszeiten Perfekt, Präteritum und Plusquamperfekt in ihrem gegenseitigen Verhältnis. Für ihren Gebrauch gelten (in Anlehnung an die Terminologie von Weinreich 2001) die folgenden Faustregeln:

- Das Perfekt bezeichnet eine in der Vergangenheit liegende, abgeschlossene Handlung, deren Auswirkungen in die Gegenwart hineinragen. Wie das Präsens ‚bespricht' das Perfekt einen Sachverhalt. Es ist daher aktuell.
  Beispiel: *Die Produktion von Elektroautos **hat** sich auf Grund von Engpässen in der Lieferkette **verlangsamt**, doch das Elektroauto gewinnt immer mehr Marktanteile.* (aus einer Tageszeitung)
- Das Präteritum bezeichnet eine in der Vergangenheit liegende, abgeschlossene Handlung, die für die Gegenwart keine Auswirkungen hat. Anders als Präsens und Perfekt ‚erzählt' das Präteritum von einem Sachverhalt. Es findet daher in Erzählungen, erzählenden Passagen und Geschichten Verwendung.
  Beispiel: *Wind nutzen, das ist seit mehr als zwanzig Jahren sein Metier. Mitte der Neunzigerjahre **stellte** der gelernte Landwirt neben dem elterlichen Hof sein erstes Windrad auf. Und er **begann** zu organisieren, was man heute Bürgerwindparks nennt: Er **fuhr** mit dem Motorrad durch seine Region, **suchte** Standorte, **sprach** Bauern auf dem Traktor an – „und fast zu viele **wollten** mitmachen", lacht der Gründer und heutige Geschäftsführer seines Windenergie-Unternehmens, „ich **kam** kaum nach." Bauern, Bürger, Banken, alle **beteiligten** sich an der Energiewende von unten.* (aus einer Tageszeitung)

Ebenso ist das Präteritum heute die Regel, sobald mehrere Verben in der Vergangenheit aufeinanderfolgen – selbst, wenn ein Perfekt angesichts der Aktualität des Berichteten angebracht wäre.
Beispiel: *Eine Zugpassagierin **stieg** am Dienstag um 15 Uhr im Hauptbahnhof in den Intercity nach Genf. Sowohl die Anzeige am Bahnsteig als auch in der Fahrplan-App **informierten**, dass der Zug über einen Speisewagen verfüge. Doch Pech für die zahlreichen Bahnreisenden, die sich auf der fast dreistündigen Fahrt gerne in den Speisewagen gesetzt hätten. Dieser **blieb** geschlossen. Laut Durchsage gleich zu Beginn der Fahrt **war** der Grund „Personalmangel".*

4.2 Der logische Satz

*Der Zugbegleiter **erklärte** der enttäuschten Passagierin, dass dies auf der Strecke wegen Bauarbeiten derzeit öfters vorkomme.* (aus einer Tageszeitung)
- Das Plusquamperfekt bezeichnet eine in ferner Vergangenheit liegende, abgeschlossene Handlung. Diese Handlung spielt sich auf einer Textebene ab, die vor der Ebene des Imperfekts (und des Perfekts) liegt. Wie das Präteritum ‚erzählt' das Plusquamperfekt von einem Sachverhalt. In der Praxis wird das Plusquamperfekt heute durch das Präteritum verdrängt. Es ist in Gebrauchstexten nur noch in zeitlichen Nebensätzen mit *nachdem* ... unverzichtbar.

Beispiel: *Nachdem es jahrzehntelang um den Künstler ruhig **geblieben war**, tauchten vor einigen Jahren neue Werke in Galerien auf.* (aus einer Tageszeitung)

Für den Gebrauch der Vergangenheitszeiten und des Präsens ergeben sich aus den soeben beschriebenen Gebrauchsweisen die folgenden Faustregeln:

- Faustregel 1: Kombinieren Sie das Präsens innerhalb desselben Textabsatzes mit dem Präsens (bei gleichzeitiger Handlung) oder mit dem Perfekt (bei vorzeitiger Handlung) – und umgekehrt.
- Faustregel 2: Kombinieren Sie das Präteritum innerhalb desselben Textabsatzes mit dem Präteritum (bei gleichzeitiger Handlung) und allenfalls mit dem Plusquamperfekt (bei vorzeitiger Handlung) – und umgekehrt.

Diese beiden Regeln lassen sich auf den folgenden Nenner bringen:

▶ **Regel** Mischen Sie im selben Textabsatz nicht ‚besprochene' Welt (Präsens/Perfekt) und ‚erzählte' Welt (Präteritum/Plusquamperfekt)!

Die korrekte Wahl der Vergangenheitszeiten erfordert es, den Text und seine einzelnen Textabsätze sorgfältig zu planen. Die folgende Gegenüberstellung zeigt, welcher logische Bedeutungsunterschied sich durch den Wechsel zwischen ‚besprochener' und ‚erzählter' Welt ergibt (Abb. 4.4).

‚besprechender' Absatz	*Ein internationales Team von Forschenden hat erstmals nachgewiesen, dass im Ozean lebende Organismen unterschiedlich auf Pestizidbelastungen reagieren. Die Forschenden haben hierbei bildgebende Methoden verwendet, die bisher bei Versuchen mit Mäusen eingesetzt worden sind.*	Der Textabsatz steht im Präsens und im Perfekt. Er ‚bespricht' und signalisiert dem Leser, dass er eine aktuelle Neuigkeit enthält.
‚erzählender' Absatz	*Ein internationales Team von Forschenden wies vor zwei Jahren erstmals nach, dass im Ozean lebende Organismen unterschiedlich auf Pestizidbelastungen reagierten. Die Forschenden verwendeten hierbei bildgebende Methoden, die bisher bei Versuchen mit Mäusen eingesetzt wurden/worden waren.*	Der Textabsatz steht im Präteritum und im Plusquamperfekt. Er ‚erzählt' und signalisiert dem Leser, dass er Vergangenes ohne direkten Bezug zur Gegenwart berichtet.

Abb. 4.4 ‚Besprochene' versus ‚erzählte' Welt. (Quelle: eigene Darstellung)

Beispiele: In den folgenden Textpassagen sind die Zeiten der Vergangenheit nicht korrekt gesetzt.

(1) *Anzumerken ist, dass dieser Leitfaden vor Inkrafttreten der neuen Rechtsvorschriften verfasst **wurde**. Daher **konnten** noch keine Erfahrungen aus der Praxis und der Rechtsprechung berücksichtigt werden, und spätere Korrekturen **sind** vorbehalten.* (Leitfaden einer Behörde)

Der Absatz bespricht den Sachverhalt, da einige Verben die Gegenwart behandeln und folglich im Präsens stehen. An der Seite des Präsens ist als Vergangenheitszeit also das Perfekt gefordert: „Dieser Leitfaden ist vor Inkrafttreten des neuen Rechts verfasst (worden). Daher haben die Verfasser noch keine Erfahrungen aus der Praxis und der Rechtsprechung berücksichtigt. Sie behalten sich spätere Korrekturen vor."

4.2 Der logische Satz

(2) *Aufgrund der neuen EU-Verordnung* **wurden** *sämtliche Hersteller gezwungen, auf gewisse Inhaltsstoffe bei der Produktion von Folien zu verzichten. Dies* **hat** *dazu* **geführt**, *dass bei diversen Produkten Farbveränderungen* **aufgetreten sind**. (Newsletter eines Vertriebsunternehmens)

Wie im Beispiel oben mischt sich ein Präteritum unter Präsensformen. Korrekt lautet die Textpassage also: „Die neue EU-Verordnung hat sämtliche Hersteller gezwungen (oder: zwingt sämtliche Hersteller), auf gewisse Inhaltsstoffe bei der Produktion von Folien zu verzichten. Dies hat dazu geführt, dass ... Farbveränderungen aufgetreten sind."

(3) *Die Schweizer Wirtschaft* **hat** *sich in einem schwierigen Umfeld gut* **behauptet**. *Die bislang rege Wachstumsdynamik* **verlangsamte** *sich laut den offiziellen Daten im 1. Quartal des Jahres nur geringfügig. Gegenüber dem Vorquartal* **hat** *das BIP real* **zugenommen**. *Wider Erwarten* **bremste** *nicht der starke Franken, sondern eine flaue Konsumentwicklung das Tempo. Hinzu* **kommt**, *dass eine Lageveränderung von historisch noch nie dagewesenem Ausmass das Schweizer BIP-Wachstum massiv* **verringerte**. (Konjunkturbericht)

Der Absatz erzählt über mehrere Sätze hinweg, welche Entwicklung die Wirtschaft in jüngster Zeit genommen hat, und enthält nur Vergangenes. Daher ist das durchgehende Präteritum die richtige Wahl: „Die Schweizer Wirtschaft behauptete sich ... gut. Die Wachstumsdynamik verlangsamte sich ... nur geringfügig. Gegenüber dem Vorquartal nahm das BIP real zu ... Wider Erwarten bremste ... Hinzu kam, dass eine Lageveränderung ... verringerte."

(4) *Wir* **haben** *im Berichtsjahr mehr Passagiere* **befördert**, *mehr Güter transportiert sowie grundlegende Projekte* **vorangebracht**. *Die Pünktlichkeit* **ist** *leicht* **gestiegen**, *ebenso die Kundenzufriedenheit. Der Gewinn* **konnte** *aufgrund höherer Erträge im Personen- und Güterverkehr gesteigert werden. Auf der anderen Seite* **haben** *wir selbst zusätzliche Mittel für den Unterhalt des Schienennetzes* **aufgewendet**, *die nicht vollständig durch Subventionen* **gedeckt waren**. *Zum guten Konzernergebnis* **trug** *erneut der Güterverkehr bei. Unsere Verschuldung* **hat** *weiter* **zugenommen**. *Der Schuldendeckungsgrad* **konnte** *aber verbessert werden. Die finanzielle Lage* **ist** *anspruchsvoll – die künftigen Ergebnisse* **bleiben** *ange-*

> *sichts der Frankenstärke und steigender Unterhaltskosten unter Druck. Herausfordernd **sind** zudem Unterhalt, Ausbau und Betrieb der Bahninfrastruktur. Angesichts des wirtschaftlich schwieriger werdenden Umfelds **wollen** wir unsere Effizienz erhöhen und dieses Jahr auf Preiserhöhungen verzichten.* (aus dem Jahresbericht eines Bahnunternehmens)
>
> Der Einleitungssatz steht korrekt im aktuellen Perfekt. In der Folge wechseln sich Perfekt und Präteritum relativ wahllos ab. Da die erste Hälfte des Textabsatzes Vergangenes enthält, ist ab dem zweiten Satz allerdings das durchgehende erzählende Präteritum die richtige Wahl: „… Die Pünktlichkeit stieg … Der Gewinn wuchs … Andererseits wandten wir zusätzliche Mittel für den Unterhalt des Schienennetzes auf, die nicht … gedeckt waren. …" Ab dem Satz „Die finanzielle Lage ist anspruchsvoll" wechselt die Ausrichtung des Textes von der erzählenden in die besprechende Perspektive. Daher ist es sinnvoll, ab diesem Satz einen neuen Absatz im besprechenden Präsens/Perfekt zu beginnen.

Aus der journalistischen Praxis kommt eine weitere Faustregel hinzu:

- Faustregel 3: Beginnen Sie einen Text stets aktuell. Der Titel beziehungsweise die Schlagzeile, der erste Satz im Lead sowie der erste Satz im Lauftext stehen folglich im Präsens (sog. „Einleitungspräsens") oder Perfekt (sog. „Einleitungsperfekt").

> **Beispiele:** Die folgenden Textbeispiele beginnen erzählend statt aktuell.
>
> (1) *Die Aktionäre **stimmten** an der heutigen Generalversammlung sämtlichen Anträgen des Verwaltungsrates zu. Die Aktionäre bestätigten den Verwaltungsratspräsidenten sowie die zur Wiederwahl vorgeschlagenen bisherigen Verwaltungsräte in ihren Ämtern …* (Medienmitteilung einer Bank)
>
> Im ersten Satz des Lauftextes ist das Einleitungsperfekt (oder allenfalls das Einleitungspräsens) gefragt: „Die Aktionäre haben an der heutigen Generalversammlung in Basel sämtlichen Anträgen des Verwaltungsrates zugestimmt (stimmen … zu)".

4.2 Der logische Satz

(2) *Drei Millionen Konten **wurden** gehackt* (Teaser-Text auf der Website einer Tageszeitung)

Headlines stehen nicht in einem Erzähltempus. Es genügt „Drei Millionen Konten gehackt" – oder noch besser aktiv „Hacker knacken drei Millionen Konten".

Der Gebrauch der Aussageweisen (Modi)

Dank den Aussageweisen des Verbs unterscheidet unsere Sprache zwischen Feststellung und Befehl oder Wunsch, wirklich Erfolgtem und Irrealem, direkt oder indirekt Gesagtem. Das Deutsche besitzt, wie oben dargestellt, neben den Aussageweisen Indikativ (Wirklichkeitsform) und Imperativ (Befehlsform) zwei Konjunktive. Die sogenannten Konjunktive I sowie II werden gemäss folgender Darstellung (Abb. 4.5) gebildet.

Die folgende Tabelle (Abb. 4.6) fasst die Gebrauchsweisen dieser beiden Konjunktive zusammen (die beiden häufigsten Gebrauchsweisen sind in roter Farbe hervorgehoben).

Bezeichnung	Bildung des Konjunktivs	Beispiel
Konjunktiv I (Konjunktiv Präsens)	**Präsensstamm** und Konjunktiv-Endungen *-e, -(e)st, -e, -en, -(e)t, -en*	*ich **geh**-e*, du **geh**-est, er **geh**-e, wir **geh**-en*, ihr **geh**-et, sie **geh**-en** (nach dem Präsensstamm *ich **geh**-e, du **geh**-st, er **geh**-t* usw.)

Formen des Konjunktivs I, die wir mit „*" gekennzeichnet haben, sind mit den Formen des Indikativs Präsens identisch. Sie werden nach der Regel des ‚gemischten' Konjunktivs durch den Konjunktiv II ersetzt. Siehe dazu weiter unten in diesem Kapitel.

Konjunktiv II (Konjunktiv Präteritum)	**Präteritalstamm** und Konjunktiv-Endungen *-e, -(e)st, -e, -en, -(e)t, -en*	*ich **ging**-e, du **ging**-est, er **ging**-e, wir **ging**-en, ihr **ging**-et, sie **ging**-en* (nach dem Präteritalstamm *ich **ging**, du **ging**-st, er **ging*** usw.)

Diese Bildung des Konjunktivs II gilt nur für Verben mit ‚starkem' Präteritalstamm und Umlaut (*fahren – ich fuhr, waschen – ich wusch* usw.). Verben mit ‚schwachem' Präteritalstamm auf *-t-* oder ‚starkem' Präteritalstamm ohne Umlaut bilden den Konjunktiv II ersatzweise mit *werden + Infinitiv*. Also: Konjunktiv II *ich würde lernen* statt *ich lernt-e, ich würde kaufen* statt *ich kauft-e* usw.

Abb. 4.5 Die Bildeweise des deutschen Konjunktivs. (Quelle: eigene Darstellung)

Aussageweisen (Modi)	Vorkommen	Beispiel
Konjunktiv I (Konjunktiv Präsens)	in indirekter Rede im Nebensatz	*Er behauptet(e), das Unternehmen habe dieses Jahr Gewinn geschrieben.*
	in einem erfüllbaren Wunsch bzw. einer erfüllbaren Annahme	*Möge das Unternehmen dieses Jahr Gewinn schreiben!* (PS: heute unüblich, da veraltet)
	in einer direkten Aufforderung bzw. Anweisung	*Seien Sie zuversichtlich.*
	in einer vergleichenden Aussage	*Es machte den Eindruck, als wolle er diese Aufgabe übernehmen.* (PS: Der Konjunktiv II *wollte* ist ebenso möglich.)
Konjunktiv II (Konjunktiv Präteritum)	in irrealen Aussagen (Bedingungssätzen)	*Wäre der Wechselkurs stabil geblieben, hätte das Unternehmen dieses Jahr Gewinn geschrieben.*
	in einem unerfüllbaren Wunsch im Haupt- und im Nebensatz	*Wäre der Wechselkurs doch stabil geblieben!*
	in einer vorsichtigen, skeptischen Aussage	*Das Unternehmen könnte dieses Jahr Gewinn schreiben.*
	in einem negativ beeinflussten Nebensatz	*Es gibt nichts, was ich lieber täte.*

Abb. 4.6 Die Verwendung von Konjunktiv I und Konjunktiv II. (Quelle: eigene Darstellung)

Berücksichtigt man dieses einfache Schema, sollte nichts schiefgehen. Dennoch kommt es immer wieder zu falsch gesetzten Konjunktiven. Probleme bereitet dabei die indirekte Rede. Sie steht gemäss der Tabelle in Abb. 4.6 im Konjunktiv I. Allerdings ist folgende Regel zu berücksichtigen: Wird eine im irrealen Konjunktiv II formulierte Aussage in indirekte Rede umgesetzt, bleibt der irreale Konjunktiv II (Abb. 4.7).

4.2 Der logische Satz

	DIREKTE REDE	→	INDIREKTE REDE
Realis (wirklich)	Der Verwaltungsrat ist überzeugt: „Ein neuer CEO **wird** den Gewinn erhöhen." (Der Verwaltungsrat denkt daran, den CEO auszutauschen.)	→	Der Verwaltungsrat ist überzeugt, ein neuer CEO werde den Gewinn erhöhen.
Irrealis (unwirklich, bzw. unmöglich, da an unerfüllbare Bedingung geknüpft)	Der Verwaltungsrat ist überzeugt: „Ein neuer CEO **würde** den Gewinn erhöhen." (Doch ist es im Moment nicht möglich, die CEO-Position neu zu besetzen.)	→	Der Verwaltungsrat ist überzeugt, ein neuer CEO würde den Gewinn erhöhen.

Abb. 4.7 Der Weg von direkter zu indirekter Rede. (Quelle: eigene Darstellung)

> **Beispiele:** Die folgenden beiden Textpassagen enthalten Konjunktivfehler, die auf die ungenügende Unterscheidung zwischen realer und irrealer Aussage in indirekter Rede zurückgehen.
>
> (1) *Die Kantone der Zentralschweiz begrüssen zwar die Möglichkeit der Vorfinanzierung von Bauprojekten des Bundes ... Wie diese Vorfinanzierung allerdings konkret aussehen könnte und wie sie für die Kantone tragbar **wäre**, da bestehe noch Klärungsbedarf. Nach Aussage der Kantone **käme** eine Vorfinanzierung auf eigenes Risiko nicht in Frage. Möglich **wäre** etwa eine Übernahme der Zinskosten für die Zeit, die durch die Vorfinanzierung gewonnen werde.* (ein Web-Informationsdienst)
>
> Die Vorfinanzierung ist nicht irreal, sondern wird als reale Möglichkeit bezeichnet. Daher ist anstelle von irrealem *wäre* beziehungsweise *käme* der Konjunktiv I *sei* beziehungsweise *komme* korrekt. Zudem ist das Modalverb *könnte* im ‚vorsichtigen' Konjunktiv II zumindest fragwürdig: „Wie diese Vorfinanzierung allerdings konkret **aussehe** und wie sie für die Kantone tragbar **sei**, da bestehe noch Klärungsbedarf. Nach Aussage der Kantone **komme** eine Vorfinanzierung auf eigenes Risiko nicht

> in Frage. Möglich **sei** etwa eine Übernahme der Zinskosten für die Zeit, die durch die Vorfinanzierung gewonnen **werde**."
>
> (2) *… dass die Heimmannschaft im ausverkauften Stadion die schlechtere Mannschaft gewesen **wäre**, liess sich wirklich nicht behaupten.* (ein Online-Portal)
>
> Die Heimmannschaft ist die bessere Mannschaft gewesen. Also lässt sich nicht behaupten, sie „**sei** die schlechtere Mannschaft gewesen."

Allerdings werden Abweichungen von dieser Regel heutzutage mehrheitlich geduldet, solange sie nicht zu groben Missverständnissen führen.

Der ‚gemischte' Konjunktiv
Ein weiterer Grund für viele Verwechslungen zwischen Konjunktiv I und Konjunktiv II liegt im ‚gemischten' Konjunktiv. Wie bereits in Abb. 4.5 dargestellt, wird der Konjunktiv I in zahlreichen Fällen durch den Konjunktiv II ersetzt. Die Faustregel für diesen gemischten Konjunktiv lautet:

„Wo eindeutige Formen des Konjunktivs I fehlen, springt der Konjunktiv II in die Lücke."

Eindeutige Konjunktiv-I-Formen besitzen nur …

- die 2. Person Singular und Plural sowie die 3. Person Singular aller Verben: *du geh-est, er geh-e, ihr geh-et.*
- das Verb *sein* in allen Personen: *ich sei, du sei(e)st, er sei, wir seien, ihr seiet, sie seien.*
- die 1. Person von gewissen Modalverben und vom Verb *wissen: ich dürfe, ich könne, ich wisse.*

Dies bedeutet: Alle anderen Formen des Konjunktivs I sind nicht eindeutig, da sie gleich wie der Indikativ Präsens (die Wirklichkeitsform) lauten. Sie werden folglich durch den Konjunktiv II (beziehungsweise die Umschreibung aus *Infinitiv + würde, würdest, würden*) ersetzt! (Abb. 4.8)

4.2 Der logische Satz

Da in der Unternehmenskommunikation (und in den Medien) mehrheitlich die dritte Person des Verbs im Einsatz steht, müssen Schreiber folglich mit folgenden gemischten Konjunktivpaaren zurechtkommen (Abb. 4.9):

Im Gegensatz dazu besteht – wie bereits oben gesagt – beim Verb *sein* zwischen *er/sie/es sei, sie seien* (Konjunktiv I in indirekter Rede) und *er/sie/es wäre, sie wären* (Konjunktiv II bei irrealer Aussage) stets eine klare Trennung.

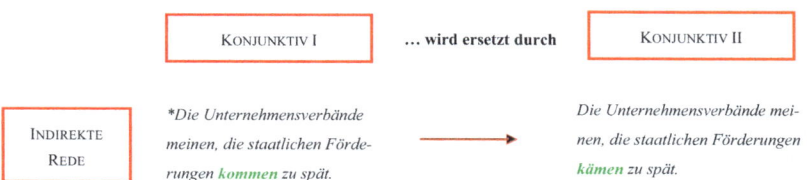

Abb. 4.8 Der gemischte Konjunktiv (Konjunktiv II statt Konjunktiv I). (Quelle: eigene Darstellung)

3. Person Singular → Konjunktiv I	3. Person Plural → ‚gemischter' Konjunktiv
er/sie/es habe	*sie hätten*
er/sie/es werde	*sie würden*
er/sie/es wolle	*sie wollten*
er/sie/es behaupte	*sie behaupteten/würden behaupten*
usw.	usw.

Abb. 4.9 3. Person Singular versus 3. Person Plural in indirekter Rede. (Quelle: eigene Darstellung)

Beispiele: Der gemischte Konjunktiv ist der eigentliche Verantwortliche für die Verwechslung zwischen Konjunktiv I und II, die selbst Profischreibern unterläuft. Dies belegen unter anderem die folgenden Textbeispiele:

(1) *Doch der Parteipräsident gibt sich kämpferisch: „Wir werden zurückkommen", verspricht er. Für die kommenden Gemeinderatswahlen könne die Partei auf fähige Personen zurückgreifen. Der Präsident schliesst zudem nicht aus, dass er allenfalls für die Wahlen zur Verfügung* **stehen würde.** (eine Tageszeitung)

Der Textzusammenhang macht klar, dass der Parteipräsident in direkter Rede Folgendes hat verlauten lassen: „Ich stehe allenfalls für die kommenden Wahlen zur Verfügung." Folglich schliesst er nicht aus, dass „er allenfalls zur Verfügung **stehe (stehen werde)**".

(2) *Für Wahlen in den Verwaltungsrat sind 50 Prozent der Stimmen nötig. Die Seite der kritischen Aktionäre müsste noch etliche weitere Aktionäre für die eigene Sache mobilisieren. Die Verwaltungsratspräsidentin erklärte gestern, die „bewährte und erfolgreiche Wachstumsstrategie"* **würde** *von „der grossen Mehrheit" der Aktionäre wie der institutionellen Anleger unterstützt.* (eine Tageszeitung)

Da die Mehrheit der Aktionäre sowie die institutionellen Anleger die Strategie des Unternehmens zweifellos unterstützen, muss es richtig lauten: „Die Verwaltungsratspräsidentin sagte, die Wachstumsstrategie **werde** von den Aktionären sowie der Mehrheit der institutionellen Anleger unterstützt." Beziehungsweise leserfreundlicher mit aktivem Verb: „... die Mehrheit der Aktionäre sowie der institutionellen Anleger **unterstütze** die Wachstumsstrategie."

(3) *Die befragten Hörer schätzen die publizistische Leistung des Nachrichtensenders. Ihre Mehrheit* **würde** *es begrüssen, wenn die wertvollen Sendungen vermehrt als Wiederholungen zu hören* **wären** *und so noch*

4.2 Der logische Satz

einfacher zugänglich gemacht werden könnten. (Medienmitteilung einer Medienanstalt)

Zweifellos begrüssen es die Befragten, wenn die wertvollen Sendungen vermehrt wiederholt würden. Also heisst es korrekt (und ohne Modalverb): „Ihre Mehrheit **begrüsse** es, wenn die wertvollen Sendungen vermehrt als Wiederholungen zu hören **seien** und so noch einfacher zugänglich gemacht **würden**."

(4) *Die Ansicht einiger Länder, sie **wären** ‚immun' gegen die Pandemie, war in der Pandemie schädlich.* (Newsmeldung einer Hochschule)

Die angesprochenen Länder haben natürlich gemeint, sie „**seien**" gegen die Pandemie immun.

(5) *Der Chefredaktor wehrt sich gegen „Diffamierungen und Verschwörungstheorien". Er **hätte** Wichtigeres zu tun.* (Headline eines Kommentars in der Tagespresse)

Da der Chefredaktor wohl gesagt hat, „ich habe Wichtigeres zu tun", lautet das indirekte Zitat korrekt: „Er **habe** Wichtigeres zu tun."

Die indirekte Rede in der Praxis

Mehrere aufeinanderfolgende Verben im Konjunktiv I sind unbeliebt. Schreiber neigen daher bei der Wiedergabe indirekter Rede irrtümlich dazu, ...

- das Verb eines Nebensatzes in den Indikativ zu stellen, obschon zuvor der Hauptsatz im Konjunktiv der indirekten Rede steht.
- bei über mehrere Sätze reichenden Zitaten in indirekter Rede das eine oder andere Verb unvermittelt in den Indikativ zu setzen – und dann wieder ohne Angabe der Quelle in den Konjunktiv der indirekten Rede zurückzukehren (Abb. 4.10).

	FALSCH	KORREKT
Indirektes Zitat mit Haupt- und Nebensätzen	Die Verkehrsdirektorin zeigte sich an der Pressekonferenz sehr optimistisch. Sie **hoffe**, dass die Bevölkerung das Signal der Betroffenen ernst *nimmt* und gleichzeitig *berücksichtigt*, dass der Tourismus der Wirtschaftsmotor der Region **sei**. Diesen Motor **solle** man nicht ohne Not schwächen. Sie **sei** zuversichtlich, dass die Solidarität zwischen den Regionen wie in den letzten Abstimmungen auch diesmal *spielt*. Sie **sehe** deshalb der kommenden Abstimmung gelassen entgegen.	Die Verkehrsdirektorin zeigte sich an der Pressekonferenz sehr optimistisch. Sie **hoffe**, dass die Bevölkerung das Signal der Betroffenen ernst *nehme* und gleichzeitig *berücksichtige*, dass der Tourismus der Wirtschaftsmotor der Region **sei**. Diesen Motor **solle** man nicht ohne Not schwächen. Sie **sei** zuversichtlich, dass die Solidarität zwischen den Regionen wie in den letzten Abstimmungen auch diesmal *spiele*. Sie **sehe** deshalb der kommenden Abstimmung gelassen entgegen.
	(Der Konjunktiv I wird in Nebensätzen des Zitats nicht verwendet, obschon der Hauptsatz zuvor im Konjunktiv I steht.)	(Haupt- wie Nebensätze des Zitats stehen korrekt im Konjunktiv der indirekten Rede.)
Indirekte Rede über mehrere Sätze	Die Verkehrsdirektorin zeigte sich an der Pressekonferenz sehr optimistisch. Sie **hoffe**, dass die Bevölkerung das Signal der Betroffenen ernst **nehme** und gleichzeitig **berücksichtige**, dass der Tourismus der Wirtschaftsmotor der Region **sei**. Diesen Motor **soll** man nicht ohne Not schwächen. Sie *ist* zuversichtlich, dass die Solidarität zwischen den Regionen wie in den letzten Abstimmungen auch diesmal *spielt*. Sie **sehe** deshalb der kommenden Abstimmung gelassen entgegen.	Die Verkehrsdirektorin zeigte sich an der Pressekonferenz sehr optimistisch. Sie **hoffe**, dass die Bevölkerung das Signal der Betroffenen ernst **nehme** und gleichzeitig **berücksichtige**, dass der Tourismus der Wirtschaftsmotor der Region **sei**. Diesen Motor **solle** man nicht ohne Not schwächen. Sie **sei** zuversichtlich, dass die Solidarität zwischen den Regionen wie in den letzten Abstimmungen auch diesmal *spiele*. Sie **sehe** deshalb der kommenden Abstimmung gelassen entgegen.
	(Die indirekte Rede wird durch Verben im Indikativ unterbrochen und danach unvermittelt fortgesetzt.)	(Der Konjunktiv der indirekten Rede ist konsequent von Anfang bis Ende des Zitats verwendet.)

Abb. 4.10 Typische Versehen beim Gebrauch des Konjunktivs der indirekten Rede. (Quelle: eigene Darstellung)

4.2 Der logische Satz

Beispiele: In indirekten Zitaten muss der Konjunktiv stets konsequent verwendet werden.

(1) *Wie die Parteipräsidentin auf Anfrage erläuterte, **wollen** die Frauen in der Partei zwar zwei Kandidatinnen aufstellen, die gesamte Fraktion solle aber eingebunden werden.* (eine Tageszeitung)

In diesem Beispiel steht fälschlicherweise nur ein Teil des Zitats im Konjunktiv. Regelkonform muss es heissen: „Wie die Parteipräsidentin erläuterte, **wollten** die Frauen in der Partei zwar zwei Kandidatinnen aufstellen, doch solle die gesamte Fraktion eingebunden werden."

(2) *Heinz Müller habe als ehemaliger Wirtschaftsförderer und Direktor der Tourismusorganisation einen riesigen Erfahrungsschatz mitgebracht, lobt die Partei ihren unterlegenen Kandidaten in einer Medienmitteilung. Dass es dennoch nicht für den Einzug in die Stadtregierung **reichte**, sei eine Enttäuschung, sagt der Parteipräsident ... Sein vordringliches Ziel sei nun, die Parteimitglieder davon zu überzeugen, dass alle wieder am selben Strick ziehen **sollen**.* (eine Tageszeitung)

Der Konjunktiv der indirekten Rede ist in der zitierten Textpassage nur sporadisch verwendet. Korrekt und mit konsequentem Konjunktivgebrauch heisst es: „Dass es dennoch nicht für den Einzug in die Stadtregierung **gereicht habe**, sei eine Enttäuschung, sagt der Parteipräsident ... Sein vordringliches Ziel sei es nun, die Parteimitglieder davon zu überzeugen, dass alle wieder am selben Strick ziehen **sollten**" (oder einfacher mit Infinitivsatz: „... die Parteimitglieder davon zu überzeugen, wieder am selben Strick zu ziehen").

> (3) *Führende Experten empfehlen ihren Kunden, künftig auf unsere Technologie zu setzen. So müssten Firmeninhaber in der Lasertechnikbranche umdenken und sich fragen, wie lange sie ohne unser neues Schneidgerät noch wettbewerbsfähig **sind**.* (Produkte-PR eines Maschinenherstellers)
>
> Der Nebensatz schliesst das indirekte Zitat ab, steht jedoch im Indikativ. Korrekt lautet das Zitat: „So müssten Firmeninhaber ... sich fragen, wie lange sie ... noch wettbewerbsfähig **seien**."

▶ **Regel** Beim Gebrauch der Zeiten und Aussageweisen geraten selbst Schreibprofis ins Straucheln. Schenken Sie daher Zeiten und Aussageweisen Ihre volle Aufmerksamkeit.

4.3 Der logische Text

4.3.1 Information: das Recht des Lesers

Das Problem
Nummer 2.2.1 der Checkliste behandelt die Grundlagen des Informationsmanagements (der Informationsaufbereitung): In einem Text sollte der jeweils behandelte Sachverhalt auf Grund der vorangehenden Informationen völlig verständlich sein. Viele Schreiber unterschlagen jedoch wichtige Informationen, die für den logischen Zusammenhalt und damit das Textverständnis elementar sind. Der Leser ist somit zu Zusatzannahmen (sog. Inferenzen) gezwungen, um diese Lücken im Textzusammenhalt zu füllen.

Den Leser vollständig informieren
Der Leser nimmt sich für die Lektüre unseres Textes kostbare Zeit. Daher soll er mit denjenigen Informationen versorgt werden, die ihm das vollständige Textverständnis ermöglichen.

> **Beispiel:** Nicht alle Schreiber respektieren das Recht des Lesers auf die nötige Information, wie die folgende Textpassage zeigt.
>
> *Fast alles ist klar: Wer das Geld abliefern muss, wie viel eingenommen wird und wofür die Mittel ausgegeben werden sollen. Nun hat das Parlament die neue Schwerverkehrsabgabe beschlossen. Nur: Wie der neue Milliardensegen für die Bundeskasse eingetrieben werden soll, ist bisher alles andere als bekannt.* (eine Wochenzeitung)
>
> Der Hinweis, dass „fast alles klar" sei, trifft gewiss auf den Artikelschreiber zu, der sich mit der Materie befasst hat – aber nicht auf alle Leser. Erforderlich ist so in erster Linie die Information, auf wie viele Milliarden sich der besagte „Milliardensegen" beläuft und wie er verteilt wird.

Solche Unterlassungen geschehen aus nachlässigem Informationsmanagement. Behalten Sie daher den Überblick über die Menge an Information, die es zu vermitteln gilt. Nehmen Sie nie Ihr eigenes Wissen als Grundlage, sondern versetzen Sie sich in die Lage des Lesers.

▶ **Regel** Stellen Sie den logischen Textzusammenhalt sicher. Ordnen Sie alle Fakten in der richtigen Abfolge und informieren Sie den Leser in vollem Umfang.

4.3.2 Gedankensprünge – die unsichtbaren Gegner

Das Problem
Nummer 2.2.2 der Checkliste beschreibt den Gedankensprung: Zusätzlich zu den sachlichen Informationen müssen dem Leser alle Gedanken des Schreibers zur Verfügung stehen. Doch viele Schreiber unterlassen es in der Eile des Schreibens, ihre einzelnen Gedanken und Argumente vollständig zu Papier zu bringen. Ein daraus entstehender Gedankensprung (das heisst: ein oder mehrere unterschlagene Gedanken) zwingt den Leser zu Zusatzannahmen (sogenannte „Inferenzen") und behindert das Textverständnis in gleichem Mass wie vorenthaltene Informationen.

Gedankensprünge erkennen
Jeder Schreiber hat den Leser lückenlos über seine Gedankengänge aufzuklären. – Diese Forderung ist leicht auszusprechen, jedoch schwer zu verwirklichen, denn

Gedankensprünge sind vom Schreiber selbst meist schwer als solche zu erkennen. Selbst als Leser nehmen wir einen unvollständigen Gedankengang selten bewusst wahr. Vielmehr verspüren wir bei der Lektüre eines lückenhaften Textes ein leichtes Unbehagen, und unser Gedankenfluss stockt.

> **Beispiele:** Die folgenden Textpassagen enthalten alle einen Gedankensprung:
>
> (1) *Wie Sie die Aufmerksamkeit Ihrer Kunden am effizientesten auf Ihre Produkte und Dienstleistungen lenken, wissen Sie selbst am besten. Mit multimedialen Kommunikationsmitteln stellen wir Ihre Angebote und Ihre vielseitigen Dienstleistungen mit bestem Licht ins richtige Bild.* (Werbebrief eines Multimedia-Dienstleisters)
>
> Abgesehen von der etwas holprigen Formulierung schliesst der zweite Satz gedanklich nicht an den ersten an. Es fehlt ein klärender Zwischensatz: „(Sie wissen am besten, wie Sie die Kunden auf Ihre Produkte aufmerksam machen.) **Wir wollen Sie dabei unterstützen.** (Denn unsere Kommunikationsmittel rücken Ihre Produkte ins beste Licht.)"
>
> (2) Eine Broschüre, die auf die Möglichkeit von Energieknappheit hinweist, erläutert:
>
> *Überlegen Sie einmal kurz, welche Personen und Industriebereiche von der Stromversorgung abhängig sind. Das ist den Kraft- und Elektrizitätswerken natürlich bewusst.*
>
> Der im zweiten Satz geäusserte Gedanke knüpft in keiner Weise an den ersten Satz an. Denn es fehlt der verbindende Gedanke: „Wir alle beziehungsweise alle Industriebereiche sind von der Stromversorgung abhängig." An diese Feststellung schliesst sich der folgende Gedanke an: „Das ist den Kraft- und Elektrizitätswerken natürlich bewusst."

Wir lernen aus solchen Textpassagen dreierlei:

- Erstens fällt es für den Leser auf Anhieb schwer, Gedankensprünge bewusst als solche wahrzunehmen und klar zu benennen.
- Zweitens fehlt zum Schliessen einer gedanklichen Lücke meist nur ein einziger klärender Zwischensatz.
- Drittens sind Gedankensprünge die heimlichen Gegner eines jeden Schreibers. Bereits ein einziger Gedanke, der den Weg vom Kopf aufs Papier nicht findet, vermag die Textlogik und Folgerichtigkeit empfindlich zu beeinträchtigen.

▶ **Regel** Vollziehen Sie alle Denkschritte vor den Augen Ihrer Leser. Gehen Sie sicher, dass Ihr Text keine gedanklichen Lücken enthält.

Literatur

zu Kapitel 4.1 (sprachliche Logik)

de Beaugrande, Robert-Alain/Dressler, Wolfgang. 1981. *Einführung in die Textlinguistik.* Tübingen: Niemeyer, S. 50–87.

zu Kapitel 4.2.1 (Satzanschluss)

Bailin, Alan/Grafstein, Ann. 2016. *Readability: Text and Context.* London: Palgrave Macmillan, S.158–161.
Kurz, Josef/Müller, Daniel/Pötschke, Joachim/Pöttkert, Horst/Gehr, Martin. 2010. *Stilistik für Journalisten. 2., erweiterte und überarbeitete Auflage.* Wiesbaden: VS Verlag, S. 73–81.
Schmitz, Anke, et al. 2016. „Textkohäsion und deren Bedeutung für das Textverständnis: Wie reagieren Lernende auf temporale Kohäsion am Beispiel eines Sachtextes." leseforum. ch. URL: https://www.leseforum.ch/sysModules/obxLeseforum/Artikel/571/2016_2_Schmitz_et_al.pdf (letzter Zugriff: 2.3.2023).

zu Kapitel 4.2.2 (Zeiten und Aussageweisen des Verbs)

Asmuth, Bernhard/Berg-Ehlers, Luise. 1978. *Stilistik. 3. Auflage.* Opladen: Westdeutscher Verlag, S. 87–91.
Häusermann, Jürg. 2011. *Journalistisches Texten. Sprachliche Grundlagen für professionelles Informieren. 3., überarbeitete Auflage.* Konstanz: UVK, S. 113–118.
Weinreich, Harald. 2001. *Tempus. Besprochene und erzählte Welt. 6., neu bearbeitete Auflage.* München: C.H. Beck, S. 41–72.

Weischenberg, Siegfried. 2001. *Nachrichten-Journalismus. Anleitungen und Qualitäts-Standards für die Medienpraxis.* Wiesbaden: Westdeutscher Verlag, S. 150–161.

zu Kapitel 4.3.1 (fehlende Information) sowie Kapitel 4.3.2 (Gedankensprünge)

Immel, Karl-Albrecht. 2014. *Regionalnachrichten im Hörfunk. Verständlich schreiben für Radiohörer.* Wiesbaden: Springer VS, S. 55–62.

Zimmermann, Günther. 2009. „Technik und Wirtschaftssprache: Einfache Texte als Ergebnis komplexen Textwissens". In: Chr. Moss (Hrsg.), *Die Sprache der Wirtschaft.* Wiesbaden: VS Verlag, S. 179–198 (v.a. S. 188–192).

Präzision – Verlieren Sie keine unnötigen Worte 5

5.1 Was ist Präzision?

Wir haben bisher gelernt, unsere Texte leserfreundlich und logisch zu gestalten. Nun stellen wir eine dritte Anforderung an unseren Text: Die Zeit, die der Leser für die Lektüre unseres Textes aufwendet, soll in einem vernünftigen Verhältnis zur Wichtigkeit der dargebrachten Informationen stehen. Oder anders formuliert: Der Leser soll in kurzer Zeit an die wichtigsten Informationen gelangen.

Unser Text muss daher möglichst präzise sein. Dieses Ziel erreichen wir, indem wir …,

- bei der Aufbereitung der Informationen auf die Aufzählung unnötiger Einzelheiten oder auf Abschweifungen vom Thema verzichten.
- beim Schreiben ausholende Formulierungen, Wiederholungen, Füllwörter sowie Phrasen vermeiden.

Die Aufforderung zu mehr Präzision dient in erster Linie der Wirksamkeit des Textes. Jeder Leser schenkt Texten, die präzise formuliert sind, gerne Aufmerksamkeit. Dagegen sind Texte, die dem Leser unnötig viel Zeit rauben und nicht zum Ziel gelangen, ein Ärgernis und verfehlen mehrheitlich ihre Wirkung. In zweiter Linie zielt diese Aufforderung einmal mehr auf die Textverständlichkeit. Bringt der Text den Sachverhalt auf den Punkt, liest selbst ein ungeduldiger Leser weiter und wird sich mit dem Textinhalt auseinandersetzen.

Das Wesen der Präzision wird durch den folgenden Vergleich zweier Mustertexte veranschaulicht, die jeweils den Begriff „Raub" umschreiben (aus der Beispielsammlung von I. Langer, F. Schulz v. Thun und R. Tausch 1974, S. 16; s. den Literaturverweis in Abschn. 2.3):

Text (1):	Text (2):
Was ist Raub? – Ja, Raub, das darf man nicht machen. Raub ist ein verbotenes Verbrechen. Man darf es nicht mit Diebstahl verwechseln. Diebstahl ist zwar auch ein Verbrechen, aber Raub ist doch noch etwas anderes. Angenommen, jemand raubt etwas. Was heisst das? Das heisst: Er nimmt einem anderen etwas weg, was ihm nicht gehört, um es für sich zu behalten. Das ist natürlich nicht erlaubt. Jetzt muss aber noch etwas hinzukommen: Während der Verbrecher die Sache wegnimmt, wendet er Gewalt an gegenüber dem anderen, zum Beispiel: er wirft ihn einfach zu Boden – oder er schlägt ihn bewusstlos, dass er sich nicht mehr wehren kann. Es kann aber auch sein, dass er nur droht, dem anderen etwas anzutun. Auch dann ist es Raub, und der Mann (oder die Frau) wird wegen Raubes bestraft.	*Was ist Raub? – Ein Verbrechen. Wer einem anderen etwas wegnimmt, was ihm selber nicht gehört, um es zu behalten, begeht Raub. Hinzukommen muss, dass er dabei Gewalt anwendet gegen den anderen oder ihn bedroht.*

Text (2) ist selbstverständlich die präzisere Fassung, denn sie nennt den Sachverhalt kurz und bündig beim Namen:

Text (1)	Text (2)
langfädiger Vorspann	direkter Einstieg ins Thema
unnötige Einschübe oder Nachsätze	keine Einschübe oder Nachsätze
unnötige Zusatzinformationen oder Zusatzgedanken	nur die nötigsten Informationen und Gedankengänge
Wortflut	der Sachverhalt wird mit möglichst wenig Wörtern ausgedrückt

Eine Übersicht zur Präzision bietet unsere Checkliste zur Präzision in der folgenden Abb. 5.1:

5.1 Was ist Präzision?

Checkliste Präzision

Nr.	Was zeichnet unseren Text aus?	Was ist zu vermeiden?	Häufigkeit des Verstosses (s. Kapitel 2.4)
3. Präzision			
3.1.1	☐ aussagekräftige Begriffe	☐ Modalverben und Modalpartikeln ☐ „Allerweltswörter" und Indefinita	137,0%
3.1.2	☐ gemässigte Wortwahl	☐ ungerechtfertigte Übertreibungen (Superlative)	26,5%
3.1.3	☐ treffende Wortwahl	☐ semantisch unzutreffende Begriffe	154,5%
3.2.1	☐ straffe Ausdrucksweise	☐ pleonastische Ausdrücke (Pleonasmen und Tautologien)	47,0%
3.2.2	☐ schlanke Informationsaufteilung	☐ überlange Sätze	44,0%
3.3.1	☐ zielgerichtete Textgestaltung	☐ unnötige Redundanzen (Sachverhalte unnötig wiederholt) ☐ keine klare Informationshierarchie (Hauptsächliches in Nebensätzen, Unwichtiges vor Wichtigem)	37,8%

Abb. 5.1 Unsere Checkliste zur Präzision. (Quelle: eigene Darstellung)

▶ **Regel** Schreiben Sie knapp und präzise. Verlieren Sie keine unnötigen Worte.

5.2 Das präzise Wort

5.2.1 Wortballast vermeiden

Das Problem
Nummer 3.1.1 der Checkliste behandelt überflüssiges Wortmaterial. Viele Texte enthalten Wörter, die nur als Füllsel dienen und in der geschriebenen Sprache keine Kommunikationsfunktion übernehmen. Dazu gehören bedeutungsleere Modalverben, Modalpartikeln und sogenannte „Allerweltswörter" – sowie weitere Verstösse gegen die sprachliche Präzision. Derartiger Wortballast verringert die semantische Dichte des Textes und erschwert das Verständnis (Abb. 5.2).

Modalverben und Modalpartikeln
Als Schreiber sind wir für jedes Wort in unserem Satz verantwortlich. Manchmal scheuen wir jedoch die Last dieser Verantwortung und neigen dazu, unsere Aussage zu relativieren. Dazu stehen uns zweierlei Mittel zur Verfügung:

	mit Wortballast	ohne Wortballast
Modalverben	*Das Unternehmen **kann** dieses Jahr Gewinn aufweisen.*	*Das Unternehmen weist dieses Jahr Gewinn auf.*
Modalpartikeln	*Modalpartikeln sind in Unternehmenstexten **eigentlich** entbehrlich.*	*Modalpartikeln sind in Unternehmenstexten entbehrlich.*
Allerweltswörter	*Die Zufriedenheit im **Bereich** der Kunden ist gestiegen.*	*Die Zufriedenheit bei den Kunden ist gestiegen.*
unbestimmte (indefinite) Angaben	*Die neue Struktur besitzt **viele** Vorteile.*	*Die neue Struktur besitzt drei entscheidende Vorteile: ...*
Modeplurale	*Die Renovation erfordert **Investitionen** von 20 Millionen Franken.*	*Die Renovation erfordert eine Investition von 20 Millionen Franken.*
„höfliche" Konjunktive	*Ich würde mich freuen, wenn Sie mich zu einem Gespräch einladen **würden**.*	*Ich freue mich über die Einladung zu einem Gespräch.*

Abb. 5.2 Wortballast in der Übersicht. (Quelle: eigene Darstellung)

5.2 Das präzise Wort

- Erstens Modalverben: Hierzu gehören die Verben *können, mögen, dürfen, sollen, müssen, wollen*. In Aussagen wie *Dürfte ich Sie darum bitten* ... oder *Ich muss darauf hinweisen* ... schwächen diese Modalverben das inhaltstragende Vollverb im Infinitiv ab und relativieren die Aussage.
- Zweitens abschwächende Modalpartikeln: Hierzu gehören *wohl, eigentlich, eben, beinahe, fast, sicher(lich)*. Diese ‚kleinen' Wörter schwächen die Aussage ab und verraten Unsicherheit. In Sätzen wie *Das hat sich wohl erledigt* oder *Diese Forderung ist beinahe unverschämt* verleihen sie der Aussage zudem einen unnötigen Unterton.

Modalverben wie Modalpartikeln erfüllen im direkten Gespräch ihren Zweck. Sie signalisieren Höflichkeit, Distanz, Furcht und vieles andere mehr. Und: Modalverben wie Modalpartikeln verraten viel über die Haltung, die wir gegenüber unserem Gesprächspartner einnehmen. In einen geschriebenen Text gehören sie nur in geringer Anzahl, wenn es gilt, verborgene Hinweise (s. Abschn. 1.4) in kontrollierter Art an den Leser weiterzugeben. Ansonsten füllen Modalverben und Modalpartikeln unseren Satz mit Wortballast. Unser Text verliert damit an Präzision.

> **Beispiele:** Die folgenden Textpassagen enthalten Modalverben oder -partikeln, die sich ohne Verlust entfernen lassen.
>
> (1) *Unser Verband steht und fällt mit unseren Mitgliedern. Es ist uns deshalb wichtig, kritische, aber auch unterstützende Mitglieder zu unserem Verband zählen zu **können**. Unser ganzer Einsatz gilt unseren Mitgliedern. Sie sollen die Mitgliedschaft als persönlichen Vorteil betrachten **können**.* (aus dem Leitbild eines Informatiker-Verbandes)
>
> Das Modalverb *können* ist in beiden Fällen entbehrlicher Ballast: Es kommt dem Verband erstens nur darauf an, kritische und unterstützende Mitglieder in seinen Reihen zu zählen. Und zweitens sollen diese Mitglieder ihre Mitgliedschaft als persönlichen Vorteil betrachten. Von *können* im Sinne eines Vollverbs in der Lage sein (etwas zu tun) ist hier nie die Rede.

(2) *Die Zukunft der Schweiz als Wirtschaftsstandort hängt erstens davon ab, ob sich das Land im technologischen Wettbewerb behaupten **kann**; und zweitens, ob es gelingt, wissenschaftliche Erkenntnisse erfolgreich in Produkte und Dienstleistungen überführen zu **können**.* (Broschüre)

Es geht nicht darum, dass die Schweiz sich bestätigen *kann* – sondern darum, dass sie sich wirklich bestätigt. Ebenso muss es gelingen, Erkenntnisse aus der Wissenschaft in Produkte sowie Dienstleistungen zu überführen – und dies nicht einfach nur zu *können*.

(3) *Wir **können** nur dann ein nachhaltiges Wachstum sichern, wenn wir in unsere Mitarbeitenden investieren. Nur so werden wir uns den Herausforderungen stellen **können**, die uns ein immer komplexeres Marktumfeld auferlegt.* (Karriere-Website einer Bank)

Natürlich geht es der Bank darum, ein nachhaltiges Wachstum zu sichern, sich dementsprechend den Anforderungen zu stellen – und es nicht beim *können* bewenden zu lassen.

(4) *„Zieht ihr bald um? – Die rechtzeitige Meldung bei eurem Energieversorger **kann** schon mal vergessen gehen ... Mit zwei Klicks **könnt** ihr euren Umzug unkompliziert online erfassen: ..."* (Facebook-Post eines Energieunternehmens)

Das zweimal verwendete Modalverb *können* schmälert die Kraft der Aussage und ist – gerade auf sozialen Medien – unnötig. Präziser lautet der Appell also: „Die rechtzeitige Meldung ... geht schon mal vergessen. Mittels zweier Klicks erfasst Ihr Euren Umzug online ..."

(5) *Die Geschichte **kann durchaus** als Gleichnis dienen. Hinter ihr steckt **wohl** die Hoffnung auf einen Neuanfang. Denn wir scheitern **fast** täglich an unseren kleinen oder grossen Defiziten und begehen Fehler, die sich manchmal sogar fatal auswirken **können**.* (aus einem Weblog)

5.2 Das präzise Wort

> Die drei Modalpartikeln und zwei Modalverben hinterlassen einen unsicheren Eindruck. Ohne Ballast formuliert lautet die Aussage: „Die Geschichte dient als Gleichnis. Hinter ihr steckt die Hoffnung auf einen Neuanfang. Denn wir scheitern täglich an unseren kleinen oder grossen Defiziten und begehen Fehler, die sich manchmal sogar fatal auswirken."

„Allerweltswörter"
Nicht immer fällt die präzise Formulierung leicht. Deshalb greifen wir gerne zu Begriffen wie *Ding, Sache, Bereich, Aspekt, Faktor, Konzept, Projekt* usw. Diese Allerweltswörter ersetzen den treffenden, präzisen Begriff. Oft haben sie bereits eine lange Karriere als Modewörter hinter sich, deren Bedeutung sich im fortwährenden Gebrauch abgeschwächt hat. Allerweltswörter sind daher unnötiger Wortballast, blähen den Satz auf und verringern seine Präzision.

> **Beispiele:** Die Schreiber der folgenden Textpassagen greifen zu Allerweltswörtern und unbestimmten Angaben (Indefinita), obschon kein Formulierungsnotstand besteht.
>
> (1) *Faktoren wie die stetige Anpassung an den veränderten Markt, eine hohe Produktionseffizienz oder optimale Wartungsprozesse spielen im Konkurrenzkampf eine immer grössere Rolle.* (Website eines IT-Unternehmens)
>
> Das Allerweltswort *Faktoren* ist inhaltsleer und lässt sich ohne Verlust streichen: „Die stetige Anpassung an den veränderten Markt, eine hohe Produktionseffizienz ... spielen ... eine immer grössere Rolle".

(2) *Wir engagieren uns für soziale und ökologische **Aspekte**.* (Leitbild eines IT-Unternehmens)

Das Allerweltswort *Aspekt* ist hier völlig inhaltsleer und überflüssig. Gemeint ist hier einfach: „Wir engagieren uns für soziale und ökologische Anliegen."

(3) *Das Anfangsstadium eines Bauprojekts erweist sich als besonders komplex. Dank unserer Kompetenz in den **Bereichen** Architektur und Bau können wir einen Konstruktionsplan liefern, der Ihre sich ändernden Anforderungen berücksichtigt.* (Website eines Logistikplaners)

Bereich ist hier wie anderswo ein Allerweltswort und muss – wie das Modalverb *können* – ersatzlos entfallen: „Dank unserer Kompetenz in Architektur und Bau liefern wir einen Konstruktionsplan, der ..."

(4) *Programmieraufwand, Materialkosten und Produktionszeit sind die **Faktoren**, die darüber entscheiden, ob ein Auftrag rentabel ist oder nicht.* (Kundenmagazin eines Maschinenherstellers)

Der Satz illustriert, dass das Allerweltswort *Faktor* in der Regel reiner Wortballast ist: „Programmieraufwand, Materialkosten und Produktionszeit entscheiden darüber, ob ein Auftrag rentabel ist ..."

(5) *Eine ausgewogene Ernährung und regelmässige sportliche Aktivitäten sind die verantwortlichen **Faktoren** für die Förderung und langfristige Erhaltung Ihrer Leistungsfähigkeit.* (Website eines Herstellers von Nahrungsmitteln)

Die Aussage ist nicht nur zu abstrakt, sondern enthält im Begriff *Faktor* reinen Wortballast. Die Aussage lässt sich leserfreundlich und verständlich wie folgt formulieren: „Eine ausgewogene Ernährung und sportliche Aktivität fördern und erhalten Ihre Leistungsfähigkeit."

(6) Das Thema eines Vortrags wird wie folgt beschrieben:

*Projekte gehören in modernen Unternehmen und Verwaltungen zum Alltag. Sie beanspruchen meist unzählige Ressourcen, scheitern aber gerne. Denn es fehlt einerseits ein **projekt**freundliches **Umfeld**, welches das **Projekt**management unterstützt und fördert; andererseits eine Anbindung an die Strategie, um diese auch umsetzen zu können.*

Die Allerweltswörter *Projekte(-)* und *Umfeld* sind (neben Modalverben wie *können* und indefiniten Angaben wie *unzählig*) die Ursache, dass die Beschreibung des Vortragsthemas geschwätzig und unverbindlich erscheint.

Die Liste in Abb. 5.3 nennt klassische Allerweltswörter – sowie aktuelle Modebegriffe, die auf dem besten Wege sind, zu Allerweltswörtern zu werden. Meiden Sie diese Wörter – suchen Sie vielmehr aussagekräftigen Ersatz!

Unbestimmte (indefinite) Angaben
In die gleiche Kategorie wie Allerweltswörter gehören unbestimmte (indefinite) Zahlangaben: also etwa *viele* (und Ableitungen wie *vielfältig, vielerorts* u. a. m.), *verschiedene* (oft falsch für *unterschiedliche* verwendet) oder *diverse*. Gute Kommunikation vermeidet derlei unpräzise Angaben und nennt verbindliche Zahlen oder Fakten.

Zu den unbestimmten Angaben gehört ferner das unbestimmte Personalpronomen *man*. Eine präzise Sprache vermeidet Sätze mit *man* und benennt stattdessen konkret die Akteure im Satz.

Faktor	Inspiration/inspirieren
Bereich	Diskurs
Vision	Nachhaltigkeit/nachhaltig
Konzept	Agilität/agil
Projekt	Aspekt
Umfeld	Synergie/synergetisch
Innovation/innovativ	Achtsamkeit/achtsam

Abb. 5.3 Eine (unvollständige) Liste an Allerwelts- und Modewörtern. (Quelle: eigene Darstellung)

> **Beispiele:** Die folgenden Textpassagen zeigen das ganze Spektrum unbestimmter Angaben.
>
> (1) *Unsere **vielfältige** Produktpalette ermöglicht es Ihnen, den Zugang zu den **verschiedenen** Sicherheitsbereichen Ihrer Gebäude zu kontrollieren und die Personenflüsse zu regeln.* (Werbemittel für Sicherheitstechnik)
>
> *Vielfältig* und *verschiedene* lassen die Aussage wenig präzise erscheinen. Wenn überhaupt Adjektive den Satz schmücken sollen, dann müssen sie zumindest hochwertig wirken: „Unsere (umfassende) Produktpalette ermöglicht es Ihnen, den Zugang zu den (wesentlichen) Sicherheitsbereichen Ihrer Gebäude zu kontrollieren …".
>
> (2) *Theorie ist dann am schönsten, wenn **man** sie in der Praxis einsetzen kann. Wir bieten Studierenden hierfür die **verschiedensten** Möglichkeiten: so beispielsweise mehrwöchige Praktika oder Arbeitsplätze während der Semesterferien.* (Karrierewebsite eines Automobilherstellers)

Man meint wohl *Studierende* oder ganz einfach *wir (alle)*: „Theorie ist dann am schönsten, wenn wir sie erfolgreich in der Praxis einsetzen." (Das Modalverb *können* ist hier übrigens ebenso entbehrlich.) Im folgenden Satz ist *verschiedenste* nicht nur unpräzise, sondern auch eine unmögliche Steigerungsform. Gemeint ist „ganz unterschiedliche (Möglichkeiten)".

(3) *Die Industriepartner stellen **unterschiedliche** Anforderungen an die **verschiedenen** Verkaufsstellen (POS).* (Projekt-Beschrieb)

Dieser Satz besagt auf Grund seiner unbestimmten Angaben beinahe gar nichts ausser dem banalen Hinweis: Wer für das Unternehmen eine Verkaufsstelle unterhält, muss bestimmte Bedingungen erfüllen.

(4) *Wir haben in den letzten Monaten **verschiedene** Initiativen ergriffen, um die Bedürfnisse von Privatpersonen und KMU noch besser erfüllen zu **können**.* (Website eines Logistikunternehmens)

Da die Initiativen nur schwammig als *verschieden* beschrieben werden, wirkt die Aussage unglaubwürdig (wobei das Modalverb *können* seinen Teil dazu beiträgt). Präziser und mit einem hochwertigen Begriff aufgewertet lautet die Aussage: „Wir haben in den letzten Monaten zukunftsweisende Initiativen ergriffen, um die Bedürfnisse von Privatpersonen und KMU noch besser zu erfüllen."

(5) *„Die Dauer eines Baubewilligungsverfahrens ist von **vielen Faktoren** abhängig. Eine verbindliche Aussage fällt daher schwer."* (Website einer Stadtverwaltung)

Die Aussage ist dank der unbestimmten Angabe *vielen* und dem Allerweltswort *Faktor* eine Leeraussage.

▶ **Regel** Beseitigen Sie unnötigen Wortballast. Verzichten Sie auf Modalverben, Modalpartikeln und Allerweltswörter. Nennen Sie anstelle unbestimmter Angaben verbindliche Zahlen und Fakten.

5.2.2 Gemässigte Wortwahl – eine Tugend

Das Problem
Nummer 3.1.2 der Checkliste behandelt den Gebrauch des Superlativs. Jede Steigerungsform hebt einen bestimmten Begriff hervor. Sie hat also eine Reizwirkung, welche die Aufmerksamkeit des Lesers auf sich zieht. Gleiches gilt für Adjektive, die semantisch einem Superlativ nahekommen und daher als ‚versteckte' Superlative bezeichnet werden (so etwa *hervorragend, ausgezeichnet, exklusiv* u. v. a. m.). Eine ungezielte Abfolge von grammatischen wie versteckten Superlativen stumpft einerseits die Aufmerksamkeit des Lesers ab und schadet damit der Verständlichkeit des Textes. Andererseits verringert sie die Glaubwürdigkeit des Textes, wobei die Faustregel lautet: Je mehr Superlative, desto werberischer ist die Ansprache des Textes.

Die Steigerung des Adjektivs
Die Steigerung des Adjektivs (Positiv: *gut, stark* – Komparativ: *besser, stärker* – Superlativ: *der beste, der stärkste*) ermöglicht Vergleiche. Dabei zeigt der Superlativ an, dass sein Bezugswort die betreffende Eigenschaft in höchstem Grad besitzt.

Ein präziser Text bewertet genau. Er verleiht das höchste Attribut nur sehr sparsam und geizt daher mit grammatischen wie versteckten Superlativen. Umgekehrt wirft ein unpräziser Text mit Superlativen um sich.

Beispiel: Der Prospekt eines Automobilherstellers enthält zahlreiche versteckte Superlative.

Unsere modernsten Antriebe überzeugen durch ihre einzigartige Leistungsentfaltung und branchenführende Effizienz. Sie garantieren Ihnen zudem einen kompromisslosen Fahrspass. All unsere Modelle stehen für hervorragenden Fahrkomfort. Die qualitativ hochwertigen Materialien im Innenraum sprechen dank herausragender Haptik Ihre Sinne an ...

> Dieser Text illustriert die Probleme, die gehäufte Superlative oder überschwängliche Behauptungen mit sich bringen:
>
> - Erstens ist gegen einen Superlativ nichts einzuwenden, solange er einen objektiven, nachprüfbaren Sachverhalt wiedergibt: Dies ist etwa bei *branchenführender Effizienz* oder *qualitativ hochwertigen Materialien* der Fall. Allerdings sollten derartige Behauptungen jeweils durch Fakten belegt werden.
> - Zweitens sind es gerade die versteckten Superlative, die gerne übersehen und daher allzu zahlreich verwendet werden. In unserem Text sind dies einfache Adjektive wie *hervor-/herausragend* sowie zusammengesetzte Adjektive wie *branchenführend, einzigartig* oder *hochwertig*. Ihr gehäuftes Auftreten ist der Präzision und der Glaubwürdigkeit des Textes abträglich. Hinzu kommt, dass sich gewisse Begriffe nicht steigern lassen: so etwa *modern*, das bereits einen versteckten Superlativ enthält und daher nicht zu *modernst* gesteigert werden sollte.

Der Superlativ reizt zum Widerspruch
Moderne Stillehren kritisieren den Superlativ. Der Grund: Der Superlativ wird als ‚schreiend' und als unfeine Übertreibung empfunden, die jeweils zum Widerspruch reizt.

Es kommt hinzu, dass der Hang zu Superlativen leicht zu Sprachdummheiten verleitet (s. Abschn. 3.4.1). Denn zahlreiche Begriffe – vor allem versteckte Superlative – lassen sich nicht steigern.

> **Beispiele:** Die folgenden Textpassagen zeigen, dass ein unbedachter Umgang mit dem Superlativ unglaubwürdig wirkt, den Leser zum Widerspruch reizt und zu Sprachdummheiten führt.
>
> (1) *Dank unserem breiten Netzwerk, intensiven persönlichen Kontakten zu hochqualifizierten Fachexperten und Führungskräften der verschiedensten Branchen sowie einer profunden Assessment-Methode bringen wir die geeigneten Kandidaten an die besten Positionen.* (Website eines Personaldienstleisters)

Die Textpassage enthält mehrere versteckte Superlative – und eine Sprachdummheit: Denn *verschiedener* als *verschieden* geht nicht, und damit ist *verschiedenste* erst recht eine Sprachdummheit.

(2) *Der potenzielle Anwendungsbereich des 5G-Mobilfunkstandards ist enorm und berührt verschiedenste Themengebiete:* ... (Medienmitteilung eines Wirtschaftsverbands)

Wie zuvor gesagt: *Verschieden* lässt sich nicht steigern, weshalb *verschiedenste* eine Sprachdummheit darstellt. Abgesehen davon ist der Bezug des Adjektivs *potenziell* irreführend (s. Abschn. 3.4.1) – denn es geht nicht um den *potenziellen Anwendungsbereich*, sondern ganz einfach um die *Anwendungsmöglichkeiten*. Schliesslich treffen das Verb *berühren* sowie das Substantiv *Themengebiete* nicht exakt den Sachverhalt (s. Abschn. 5.2.3). Vielmehr lautet die Aussage präzis: „Die Möglichkeiten des 5G-Mobilfunkstandards sind riesig und betreffen ganz unterschiedliche Anwendungen: ..."

(3) *Nutzer von Antivirensoftware sollten konsequent darauf achten, dass sie die aktuellste Version sowie die aktuellsten Virendefinitionen einsetzen.* (aus einer Website für IT-Experten)

Aktuell ist bereits ein versteckter Superlativ, *aktuellst* daher eine Sprachdummheit. Der Satz verliert nichts an seiner Deutlichkeit, wenn von „aktuellen Versionen und Virendefinitionen" die Rede ist.

▶ **Regel** Bleiben Sie glaubwürdig. Verwenden Sie grammatische wie versteckte Superlative zurückhaltend.

5.2.3 Das treffende Wort – die Sache auf den Punkt bringen

Das Problem
Nummer 3.1.3 der Checkliste behandelt die Frage des treffenden Wortes: Wir haben in Abschn. 4.2.1 bereits gezeigt, in welchem Mass die Verständlichkeit des Textes vom semantischen Zusammenhalt abhängt. Dieser semantische Zusammenhalt (und damit die semantische Dichte) ist umso grösser, je präziser jedes einzelne Wort den betreffenden Sachverhalt beschreibt.

Objektive Kriterien für die treffende Wortwahl
Die Frage, ob ein Wort den Sachverhalt trifft oder ob eine bessere Alternative existiert, ist bis zu einem gewissen Grad von subjektiven Kriterien (das heisst: vom persönlichen Stilempfinden und von der individuellen Auffassung der jeweiligen Wortbedeutung) abhängig. Dennoch lassen sich die Entscheidungsgrundlagen für die treffende Wortwahl zumindest teilweise objektivieren.

Ein treffendes Wort muss zwei Kriterien erfüllen:

- Es muss im allgemeinen Sinne der Verständlichkeit den Sachverhalt genau wiedergeben.
- Es darf im spezifischen Sinne einer präzisen Textgestaltung nicht unnötig Platz beanspruchen.

Das Wort beim Wort nehmen
In der Praxis fällt es schwer, zu erkennen, ob ein Wort diesen Anforderungen entspricht. Denn manche Wörter verfehlen den gemeinten Sachverhalt nur knapp.

Hier hilft es, ‚das Wort beim Wort zu nehmen', indem wir …

- nachfragen, in welchem Zusammenhang wir das betreffende Wort üblicherweise verwenden (Test 1).
- seine einzelnen Bestandteile überprüfen und nach seiner Ursprungsbedeutung fragen (Test 2).

Beispiele: Wir verstehen, was in den folgenden Textpassagen gemeint ist. Doch lässt sich die Wortwahl mit Hilfe von Test 1 und Test 2 optimieren und die Aussage präzisieren.

(1) *Sind Sie motiviert, Ihre Erfahrung und Kompetenz in eine Funktion mit Gestaltungsfreiraum und Einfluss zu **investieren**?* (Stelleninserat)

Üblicherweise verwenden wir das Verb *investieren* in folgendem Sinne (Test 1): Wir nehmen eine Anlage vor, aus der wir uns einen Gewinn versprechen. Da eine Arbeitsstelle keine gewinnbringende Anlage sein soll (zumindest nicht nach Auffassung des inserierenden Arbeitgebers), ist *investieren* verfehlt. Treffender heisst es: „Sie bringen Ihre Erfahrung … ein."

(2) *Trotz grosser Angebotsvielfalt und hoher Qualität: Die Konsumenten sind mit der Lebensmittelindustrie nur bedingt zufrieden. Sie misstrauen den Angaben der Hersteller, meinen, dass ihre Nahrungsmittel nur noch aus profitorientierter Massenproduktion stammten, und fühlen sich **entfremdet**.* (Kundenmagazin eines Lebensmittel-Produzenten)

Test 1 zeigt: Das Verb *entfremden* steht für *sich auseinanderentwickeln, sich entzweien* (etwa in „wir haben uns in unserer Beziehung entfremdet"). Gemeint ist an dieser Stelle vielmehr: „Die Konsumenten haben den Bezug zu ihren Nahrungsmitteln verloren."

(3) *Bei Fragen zu Inhaltsstoffen, Unverträglichkeiten und Allergenen mussten viele Mitarbeiter der getesteten Hotlines passen. Online konnten die verdeckten Anrufer jedoch die meisten ihrer Fragen **befriedigen**.* (News-Seite auf dem Web)

Wir *befriedigen* üblicherweise Bedürfnisse (Test 1) und stellen damit den *Frieden* wieder her (Test 2). Wenn es um Fragen geht, so lassen sich diese also nicht *befriedigen*. An dieser Stelle ist vielmehr gemeint: „Online haben die verdeckten Anrufer Antworten auf die meisten ihrer Fragen gefunden."

> (4) *Im Interview mit dem Nachrichtensender schmunzelt die US-Schauspielerin auf die Frage, ob sie schon einmal sexuell belästigt worden sei. Ihre Reaktion lässt allerdings kaum **Spielraum** zu.* (News-Portal)
>
> Der Begriff *Spielraum* enthält den Wortbestandteil *Spiel* (Test 2), der zu diesem ernsten Thema nicht passt. Treffender ist vielmehr: „Ihre Reaktion auf die Frage lässt allerdings keinen Raum für Interpretationen" – oder einfach „… ist allerdings unmissverständlich."

▸ **Regel** Bemühen Sie sich um das treffende Wort. „Nehmen Sie das Wort beim Wort".

5.3 Der präzise Satz

5.3.1 Doppelt genäht hält nicht besser!

Das Problem
Nummer 3.2.1 der Checkliste behandelt Tautologien und Pleonasmen: In der gesprochenen Rede greifen wir gerne zu Pleonasmen und Tautologien, um unsere Aussage zu bekräftigen. In der geschriebenen Sprache sind derartige Wiederholungen jedoch überflüssig. Sie sind – wie Modalverben, Modalpartikeln und Allerweltswörter – Ballast, der ein rasches Satzverständnis erschwert.

Pleonasmus und Tautologie
Um unseren Ausführungen Nachdruck zu verleihen, drücken wir denselben Sachverhalt im Satz gerne doppelt mit zwei unterschiedlichen, aber sinngleichen Begriffen aus. Wir sprechen in diesem Fall von …

- Pleonasmus, der Kombination von zwei sinngleichen Begriffen unterschiedlicher Wortart: beispielsweise *der schwarze Rabe* (Adjektiv plus Nomen).
- Tautologie, der Kombination von zwei sinngleichen Begriffen derselben Wortart: beispielsweise *(komm) umgehend schnell* (Adverb plus Adverb), *erlauben Sie, dass ich mich setzen darf* (Verb plus Verb).

Solche Wiederholungen verringern die Präzision unseres Satzes, denn sie vermitteln keine zusätzliche Information. Vielmehr „sagen sie mehr (als nötig)" (dies die Bedeutung von griechisch *pleonasmos*) oder „besagen das Gleiche" (dies die Bedeutung von griechisch *tautologia*).

Beispiele: Die folgenden Textpassagen illustrieren die pleonastische beziehungsweise tautologische Ausdrucksweise.

(1) *Für diese äusserst anspruchsvolle und herausfordernde Position suchen wir eine Person mit langjähriger Führungserfahrung, fundiertem ökonomischem Fachwissen, sozialer Kompetenz sowie sicherem Auftreten.* (Stelleninserat einer Bank)

Eine anspruchsvolle Stelle fordert den gesuchten Kandidaten zwangsläufig heraus. *Anspruchsvoll* und *herausfordernd* sind daher tautologisch. Ebenso ist Erfahrung in der Führung wohl über lange Jahre beziehungsweise *langjährig* erworben worden und Fachwissen stets *fundiert*. Die genannten Adjektive sind im Dienst der Präzision also entbehrlich.

(2) *Wir verstehen uns als Branchenführerin und gestalten den wachsenden Gesundheitsmarkt aktiv mit.* (Website einer Krankenversicherung)

Wer – zumal als Marktführerin – einen Markt gestaltet, muss dies aktiv tun. Das pleonastische *aktiv* gehört gestrichen.

(3) *Die Hauptstadtregion ist ein wirtschaftlich, gesellschaftlich und kulturell vernetzter Raum. Sie bündelt die Kräfte der Nachbarregionen und schöpft durch gezielte Zusammenarbeit das gemeinsame Potenzial noch besser aus.* (Website einer Stadt)

Wenn Nachbarn ein Potenzial teilen, dann *gemeinsam*. Daher muss pleonastisches *gemeinsam* im Dienst der Präzision entfallen. Gleiches gilt für *gezielt* – denn Zusammenarbeit erfolgt stets gezielt.

5.3 Der präzise Satz

Das geschwätzige Adjektiv
Adjektive unterstützen unsere Neigung zu geschwätzigen Wiederholungen: Wir schmücken gerne Substantive mit Adjektiven, welche die Aussage nicht vorantreiben, sondern Bekanntes oder Beliebiges wiederholen. Wer professionell schreibt, ist daher gut beraten, Adjektive sparsam einzusetzen – und den Begriff des Pleonasmus weit zu fassen: Pleonastisch ist ein Adjektiv, wenn es Selbstverständliches nennt (wobei die oben genannten Beispiele bereits erstes Anschauungsmaterial liefern).

Dabei lässt sich die Existenzberechtigung eines Adjektivs im Text durch den ‚Oppositionstest' erkennen: Wir setzen in den jeweiligen Satz ein Adjektiv gegenteiliger Bedeutung ein. In der Folge prüfen wir, ob das Adjektiv einen besonderen Hinweis enthält – oder Selbstverständliches und daher Entbehrliches wiedergibt.

Beispiele: Die folgenden Passagen sind pleonastisch, da sie mindestens ein Adjektiv zu viel enthalten.

(1) *Als ein auf die regionalen Märkte ausgerichtetes Transportunternehmen verbinden wir Menschen und Regionen. Damit sind wir eine **tragende** Säule einer vernetzten, leistungsfähigen Schweiz.* (Website eines Transportunternehmens)

Das Adjektiv (Partizip) *tragend* ist überflüssig, denn es beschreibt Selbstverständliches. – Der Oppositionstest ergibt die wenig sinnvolle Wendung „eine nicht tragende Säule" und entlarvt den Pleonasmus.

(2) *Unser Team mit **ausgewiesenen** Fachkenntnissen im Bereich Immobilienbewirtschaftung und -administration verwaltet Liegenschaften in der gesamten Region.* (Website eines Immobiliendienstleisters)

Fachkenntnisse sind selbstverständlich stets *ausgewiesen*, und der Gegenbegriff „nicht ausgewiesene Fachkenntnisse" ergibt dementsprechend keinen Sinn. Abgesehen davon ist das Allerweltswort *Bereich* an dieser Stelle einmal mehr reiner Ballast (s. Abschn. 5.2.1).

(3) *Unsere Spezialisten sind stets am Puls der Zeit und entwickeln – in enger Zusammenarbeit mit unseren Kunden – massgeschneiderte Lösungen für alle künftigen Herausforderungen. Dabei schaffen wir **langfristige, persönliche** Kundenbeziehungen sowie eine Vertrauensbasis, die eine **erfolgreiche, nachhaltige** Zusammenarbeit erst möglich macht.* (Website eines Industriebetriebs)

Kundenbeziehungen sind grundsätzlich *persönlich*. Zudem ist eine Zusammenarbeit, falls sie *erfolgreich* sein soll, fast zwangsläufig *nachhaltig* ausgerichtet – erst recht im Falle von *langfristigen* Kundenbeziehungen. Im Grunde sind daher mindestens zwei der vier verwendeten Adjektive pleonastisch.

(4) *Unsere Absolventen verfügen über die Fähigkeit, ihr **erworbenes** Wissen in der beruflichen Praxis in **konkrete** Lösungen umzusetzen und so die Zukunft ihrer Branche bzw. ihres Unternehmens **aktiv** mitzugestalten.* (aus der Website einer Hochschule)

Wer ein Studium absolviert hat, hat sich zwangsläufig Wissen *erworben*. Lösungen verdienen nur dann ihren Namen, wenn sie *konkret* sind. Und schliesslich ist das Mitgestalten stets ein *aktiver* Prozess. Die Aussage ist damit pleonastisch (und darüber hinaus der Satz mit mehr als 25 Wörtern überlang).

(5) *Als **kommunikative** Persönlichkeit pflegen Sie einen **kooperativen, professionellen** Umgang mit Studierenden und Dozierenden. Teamarbeit und **Selbstständigkeit** sind Ihnen gleichermassen wichtig. Nebst einem hohen Qualitätsbewusstsein zählen Organisationstalent, **Sorgfalt, Zuverlässigkeit** und **Eigeninitiative** zu Ihren Stärken. Zudem sind Sie **belastbar** und meistern selbst hektische Situationen **ruhig und souverän**.* (Stelleninserat einer Hochschule)

5.3 Der präzise Satz

> Die Beschreibung der gewünschten Person ist in hohem Masse pleonastisch (bzw. tautologisch). Denn wer einen *professionellen* Umgang mit den Studierenden u. a. m. pflegt, ist in der Regel ebenso *kommunikativ* und *kooperativ*. Wer über *Selbstständigkeit* verfügt, besitzt *Eigeninitiative*. Wer mit *Sorgfalt* arbeitet, zählt *Zuverlässigkeit* zu seinen Stärken. Und wer schliesslich hektische Situationen *ruhig* und *souverän* meistert, muss zwangsläufig *belastbar* sein.

Unnötige Vorsilben beim Verb

Pleonastisch sind ferner Vorsilben bei zusammengesetzten Verben, sofern sie zur Bedeutung des Verbs nichts beitragen. Die folgende Liste nennt einige Beispiele (Abb. 5.4):

unpräzise mit tautologischer Vorsilbe	**präzise ohne Vorsilbe**
auseinanderdividieren	*dividieren (teilen)*
hinzuaddieren	*addieren (hinzufügen)*
vorausahnen	*ahnen*
nachfolgen	*folgen*
ansteigen	*steigen*
anheben	*heben*
abändern	*ändern*
aufzeigen	*zeigen*
u.a.m.	

Abb. 5.4 Eine (unvollständige) Liste unnötiger Vorsilben bei Verben. (Quelle: eigene Darstellung)

> **Beispiele:** Die folgenden Passagen sind pleonastisch, da sie mindestens eine Vorsilbe zu viel enthalten.
>
> (1) *Die gut sichtbare Informationstafel kann Fahrgäste über Störungen benachrichtigen und alternative Reisemöglichkeiten aufzeigen.* (Medienmitteilung eines Bahnunternehmens)
>
> Es reicht, die Reisemöglichkeiten zu *zeigen* oder allenfalls auf der Informationstafel *anzuzeigen*. Die Vorsilbe *auf-* ist jedenfalls ebenso unnötig wie das Modalverb *kann*: „Die Informationstafel benachrichtigt über Störungen und zeigt alternative Reisemöglichkeiten".
>
> (2) *Wer aus einer gebückten Haltung ruckartig einen schweren Gegenstand anhebt, kann einen Hexenschuss hervorrufen.* (aus einer Informationsplattform)
>
> Es reicht in diesem Fall, den schweren Gegenstand zu *heben*. Die Vorsilbe *an-* wird wie das Modalverb nicht benötigt.

▶ **Regel** Überprüfen Sie Ihren Text auf Tautologien und Pleonasmen. Führen Sie im Zweifelsfall den Oppositionstest durch.

5.3.2 Information in verdaulichen Portionen

Das Problem
Nummer 3.2.2 der Checkliste behandelt die Frage der Satzlänge. Viele Schreiber packen zu viel Information in einen einzigen Satz – selbst wenn sie auf leserfeindliche Schachtelsätze gemäss Abschn. 3.3.2 verzichten. Diese Schreiber verstossen erstens gegen die Faustregel, dass einem Hauptsatz nur ein Nebensatz folgen sollte. Zweitens lassen sie ausser Acht, dass ein überschaubarer Satz die Obergrenze von 20 bis 25 Wörtern nicht überschreiten sollte. Denn selbst geübte Leser sind nicht in der Lage, mehr als 150 Buchstaben in ihrem Kurzzeitgedächtnis zu speichern. Überlange Sätze sind daher schwer verständlich.

5.3 Der präzise Satz

Wie viel Information gehört in einen Satz?
Wir haben in Abschn. 3.3.1 bis 3.3.2 gelernt, unseren Satz leserfreundlich zu gestalten – und deshalb leserfeindliche Nominalgruppen, Klemmkonstruktionen oder Schachtelsätze zu meiden. Doch auch ein leserfreundlicher Satz hat seine Tücken: Je inhaltsreicher der einzelne Satz ist, desto weniger konzentriert sich der Leser auf die einzelnen Informationen. Der Satz verliert somit an Präzision.

Daher gilt es, das richtige Mass zu finden: Wie viel Information dürfen wir in unseren Satz packen, ohne dass dieser unpräzise wird? Hierzu haben sich zwei Faustregeln bewährt:

- Erste Faustregel: Ein Satz mit mehr als 25 Wörtern gilt als schwer verständlich. Vermeiden Sie daher Sätze, die diese Obergrenze überschreiten.
- Zweite Faustregel: Ein gewöhnlicher deutscher Satz besteht aus einem Haupt- und einem angefügten Nebensatz. Vermeiden Sie daher Sätze, die durch zwei oder mehr Nebensätze abgeschlossen werden (sog. „Bandwurmsätze").

Wie die folgende Tabelle illustriert, erfüllen unterschiedlich lange Sätze jeweils bestimmte Funktionen (Abb. 5.5).

Wörter pro Satz	Einsatzbereiche
3–9	Anzahl Wörter, die ein Durchschnittsleser in drei Sekunden verarbeitet
11	Obergrenze für kurze Sätze
14	maximale Anzahl Wörter, die ins Kurzzeitgedächtnis (Kapazität ca. sechs Sekunden) übermittelt werden
12–15	Länge deutscher Standardsätze
20	Obergrenze für Agenturtexte
25	Obergrenze für verständliche Sätze

Abb. 5.5 Unterschiedlich lange Sätze und ihre Einsatzbereiche (in Anlehnung an Kercher 2013, S. 194)

Gegen überlange Sätze gibt es ein Gegenmittel: das Portionieren des Satzes in einzelne, präzise Sinneinheiten. Die folgende Gegenüberstellung illustriert das Vorgehen. Wie sie darüber hinaus belegt, sind gut portionierte Sätze in der Lage, selbst komplexe Sachverhalte in verständlicher Form darzustellen (Abb. 5.6).

	unpräzise, da nicht portioniert	präzise, da portioniert
überlanger Satz mit mehr als 25 Wörtern	*Für medizinisch indizierte stationäre ausserkantonale Behandlungen von Versicherten in Spitälern ohne Leistungsauftrag ihres zivilrechtlichen Wohnkantons für die betreffende Behandlung, jedoch mit Leistungsauftrag des Standortkantons werden ab sofort von den Krankenversicherern und der öffentlichen Hand bis auf weiteres die für das entsprechende Spital geltenden Tarife vergütet, höchstens aber die in der untenstehenden Liste genannten Referenztarife.* (eine Gesundheitsbehörde; **54 Wörter**)	*1 Sofern sich Versicherte in einem Spital ausserhalb ihres zivilrechtlichen Wohnsitzkantons behandeln lassen wollen, gilt bis auf weiteres die folgende Regelung:* *2 Die Krankenversicherer und die öffentliche Hand vergüten bei medizinisch indizierten Behandlungen die für das betreffende Spital geltenden Tarife.* *3 Das betreffende Spital muss dabei den Leistungsauftrag des Standortkantons besitzen, nicht aber den Leistungsauftrag des Wohnsitzkantons.* *4 Die Vergütung erfolgt bis zur Höhe der in der untenstehenden Liste genannten Referenztarife.*
überlanger Satz mit mehr als einem Nebensatz	*Als Bauherr tragen Sie wesentlich zu einer sicheren Baustelle bei, indem Sie Ihren Bauplanern den Auftrag erteilen, die Arbeitssicherheits- und Gesundheitsschutzaspekte systematisch zu berücksichtigen.* (eine Krankenversicherung; **ein Hauptsatz, zwei Nebensätze**)	*1 Als Bauherr tragen Sie wesentlich zu einer sicheren Baustelle bei.* *2 Hierfür müssen Sie einzig Ihren Bauplanern den Auftrag erteilen, die Arbeitssicherheit und den Gesundheitsschutz systematisch zu berücksichtigen.*

Abb. 5.6 Präzise, portionierte Sätze statt überlanger Sätze. (Quelle: eigene Darstellung)

5.3 Der präzise Satz

Beispiele: Die folgenden Sätze verstossen gegen die beiden oben genannten Faustregeln und sind überlang.

(1) *Um das Recht auf Selbstbestimmung der Bürgerinnen und Bürger zu stärken, regelt die neue Rechtsordnung im Falle des Eintritts der Urteilsunfähigkeit neben dem Vorsorgeauftrag, mit dem die Übernahme der Personen- und Vermögenssorge sowie die Vertretung im Rechtsverkehr festgelegt werden kann, die Patientenverfügung, die nun von Bundesrechts wegen grundsätzlich verbindlich ist.* (eine Behörde)

Der Satz zählt nicht weniger als 50 Wörter. Er lässt sich wie folgt portionieren: „Die neue Rechtsordnung will das Recht auf Selbstbestimmung der Bürgerinnen und Bürger stärken. Es regelt erstens den Vorsorgeauftrag. Dieser bestimmt – sofern die Urteilsunfähigkeit eintritt – die Übernahme der Personen- und Vermögenssorge sowie die Vertretung im Rechtsverkehr. Ferner umfasst das neue Recht die Patientenverfügung. Diese ist nun gemäss Bundesrecht grundsätzlich verbindlich."

(2) *Die Kritik des Internationalen Stabilitätsrats und des Währungsfonds greift jeweils zu kurz, weil sie das Schweizer Bankensystem nicht ganzheitlich betrachtet, sondern jeweils auf seine einzelnen Elemente, etwa die Finanzierung der Einlagensicherung, reduziert und daher in seiner Qualität verkannt.* (ein Verband)

Der Satz umfasst 38 Wörter und ist überlang. Er lässt sich wie folgt portionieren: „Die Kritik des Internationalen Stabilitätsrats und des Währungsfonds greift jeweils zu kurz. Sie betrachtet das Schweizer Bankensystem nämlich nicht ganzheitlich, sondern reduziert es jeweils auf seine einzelnen Elemente wie die Finanzierung der Einlagensicherung. Daher verkennt sie die Qualität des Schweizer Systems."

(3) *(Der Bundesrat hat eine Verordnung erlassen, um die Schweizer Börseninfrastruktur zu schützen.) Gemäss Medienberichten soll die Europäische Kommission ihren Mitgliedern nun vorgeschlagen haben, die Börsenäquivalenz um sechs Monate zu verlängern, weshalb die Schutzmassnahme des Bundesrates in der Praxis für die Dauer der befristeten Anerkennung der Gleichwertigkeit keine Wirkung entfalten dürfte.* (Website eines Verbands)

Der zweite Satz umfasst 38 Wörter und ist daher überlang. Die Aussage lässt sich auf einfache Weise wie folgt portionieren: „Gemäss Medienberichten soll die Europäische Kommission ihren Mitgliedern nun vorgeschlagen haben, die Börsenäquivalenz um sechs Monate zu verlängern. Solange die EU die Börsenäquivalenz befristet anerkennt, dürfte die Schutzmassnahme des Bundesrats daher keine praktische Wirkung entfalten."

(4) *Sie sollten eine Sanierung ganzheitlich planen, um Ihre Kosten zu minimieren und die Finanzierung optimal mit Ihren Bedürfnissen abzugleichen, damit Investitionen und entsprechender Nutzen im Einklang stehen.* (Website einer Immobilienberatung)

Auf den Hauptsatz folgen zwei Nebensätze; zudem umfasst die Aussage 27 Wörter. Verständlich portioniert lautet der Satz: „Eine Sanierung sollten Sie ganzheitlich planen. Dadurch minimieren Sie die Kosten, gleichen die Finanzierung optimal mit Ihren Bedürfnissen ab und halten Investitionen und Nutzen im Einklang."

▶ **Regel** Achten Sie auf die Länge Ihrer Sätze und verteilen Sie die Information auf verdauliche Portionen. Denken Sie daran: Weniger ist manchmal mehr.

5.4 Der präzise Text

5.4.1 Ein Text ohne Umwege

Das Problem
Nummer 3.3.1 der Checkliste behandelt den präzisen Text. Die Anforderung an einen präzisen Text lautet: Der Leser muss sein Augenmerk ungestört auf diejenigen Sachverhalte richten, die für den Textzusammenhalt entscheidend sind. Daher darf er nicht durch nebensächliche Informationen oder unnötige Redundanzen aufgehalten werden. Es ist Aufgabe des Schreibers, die relevanten Sachverhalte gemäss ihrer Bedeutung und logischen Abfolge zu bewerten und dementsprechend ohne Abschweifungen zu präsentieren.

Textökonomie
Ein präziser Text führt den Leser ohne Umwege ans Ziel. Viele Schreiber scheitern gerade an diesem Anspruch: Ihr Text ist umständlich, ausschweifend und führt an kein Ende. Die Analyse zeigt für diesen Missstand drei Symptome:

- Erstens: unnötige Redundanz (unnötige Wiederholungen einzelner Sachverhalte).
- Zweitens: nebensächliche Einschübe oder Nachsätze, die den Leser vom eigentlichen Kern der Aussage ablenken.
- Drittens: entscheidende Informationen in Nebensätzen, die vom Leser mit verminderter Aufmerksamkeit wahrgenommen werden.

Diese drei Symptome haben eine identische Ursache: Der Schreiber unterlässt es, die ihm bekannten Sachverhalte zu bewerten und hierarchisch nach ihrer Wichtigkeit für den Textzusammenhang zu gliedern.

Unnötige Redundanz
Redundanz (eigentlich „Fülle", „Überfluss") ist der Präzision eines Textes zuträglich, sofern die wiederholten Informationen für das Textverständnis eine zentrale Bedeutung haben. Denn zielgerichtete Wiederholungen erinnern den Leser im Verlaufe des Leseprozesses an wichtige Sachverhalte. Eine solche ‚sinnvolle' Redundanz bewahrt den Leser davor, ganze Textpassagen nach nicht mehr präsenten Informationen abzusuchen.

Umgekehrt verringert Redundanz die Präzision unseres Textes, wenn …

- die wiederholten Informationen für das Textverständnis keine zentrale Bedeutung haben.
- die betreffenden Informationen im selben Wortlaut oder mit Synonymen wiederholt werden.

Eine derartige ‚unnötige' Redundanz lässt den Text weitschweifig erscheinen und verfehlt ihren Zweck.

> **Beispiele:** Die folgenden Textpassagen enthalten mehr oder weniger schwerwiegende Fälle unnötiger Redundanz.
>
> (1) *Aloe vera, eine Pflanze aus der arabischen Halbinsel, die Feuchtigkeit über Jahre hinweg bewahrt, enthält Gewebe, das es ihr gestattet, die Feuchtigkeit im Innern der Pflanze lange zu speichern.* (aus einer Apotheker-Zeitschrift)
>
> Die Information, dass die Pflanze Aloe vera Feuchtigkeit über Jahre hinweg bewahrt, wird im selben Satz beinahe wörtlich wiederholt. Diese ziellose Redundanz führt übrigens dazu, dass der Satz gleich mehrere Nebensätze aufweist – und damit klar gegen die in Abschn. 5.3.2 genannten Gebote der Portionierung verstösst.
>
> (2) *Sie zeichnen sich durch Selbstständigkeit, Belastbarkeit und Flexibilität aus. Gegenüber Menschen und Veränderungen sind Sie offen und pflegen einen kooperativen wie integrativen Führungsstil.* (aus einem Stelleninserat)

5.4 Der präzise Text

> Wer flexibel ist, steht Veränderungen in der Regel offen gegenüber. Wer seinerseits Menschen gegenüber offen ist, wird kooperativ und integrierend führen. Der Hinweis enthält also Redundanzen und lässt sich wie folgt straffen: „Sie arbeiten selbstständig und sind belastbar. Menschen und Veränderungen stehen Sie offen gegenüber. Ihr Führungsstil setzt auf Zusammenarbeit."

Die klare Informationshierarchie
Viele Schreiber füllen ihre Texte mit allen verfügbaren Informationen. Die Folge: Der Text wird ausschweifend und unpräzise, der Leser verliert vor lauter Einschüben und Nachsätzen den Blick für das Wesentliche.

Hier ist eine klare Informationshierarchie gefragt: Die wesentlichen Informationen gehören in den Text – und sind bei Bedarf in verändertem Wortlaut sinnvoll redundant zu wiederholen. Die unwesentlichen Informationen scheiden hingegen aus.

> **Beispiel:** Die folgende Textpassage enthält einen überflüssigen Einschub.
>
> *Für sein Werk brauchte Müller, der praktisch alles selbst filmte und schnitt, rund vier Jahre.* (aus der Tagespresse)
>
> Wesentlich ist der Hinweis auf die lange Produktionszeit. Der eingeschobene Nebensatz lenkt von dieser Aussage ab. Präzise lautet die Aussage also: „Für sein Werk brauchte Meier rund vier Jahre. (Er filmte und schnitt praktisch alle Szenen selbst.)"

Ein präziser Text zeichnet sich schliesslich dadurch aus, dass die für den Textzusammenhang entscheidenden Informationen an prominenter Stelle genannt sind. Zugunsten einer klaren Informationshierarchie lauten die Regeln (Abb. 5.7):

- Das Wichtigere steht vor dem Unwichtigeren.
- Hauptsächliches gehört in Hauptsätze.

	unpräzise, da Informationshierarchie nicht eingehalten	präzise, da Informationshierarchie beachtet
Wichtigeres vor Unwichtigerem – statt umgekehrt	*Zunehmende Schwankungen der Stromproduktion, die durch die hohe Zahl an lokalen Produzenten auf dem Markt verursacht werden, erfordern die Automatisierung der Netze.*	*Die zunehmenden Schwankungen der Stromproduktion erfordern die Automatisierung der Netze. Sie sind durch die hohe Zahl an lokalen Produzenten auf dem Markt verursacht.*
Hauptsächliches im Hauptsatz statt im Nebensatz	*Die Studie belegt, dass die Nachfrage und damit die Produktion von Strom aus erneuerbaren Energiequellen stetig steigen.*	*Die Studie belegt: Die Nachfrage und damit die Produktion von Strom aus erneuerbaren Energiequellen steigen stetig.* Oder: *Wie die Studie belegt, steigen die Nachfrage und damit die Produktion von Strom aus erneuerbaren Energiequellen stetig.*

Abb. 5.7 Die klare Informationshierarchie. (Quelle: eigene Darstellung)

> **Beispiele:** Die folgenden beiden Textpassagen lassen eine klare Informationshierarchie vermissen.
>
> (1) *Das Projekt bezweckt, zusammen mit den Spitälern ein System zur Prüfung der Einhaltung von Qualitätsanforderungen in der Psychiatrie zu etablieren, das sowohl weitum akzeptiert als auch umsetzbar ist und die Qualitätskultur in den Spitälern fördert.* (aus dem Bericht eines Gesundheitsministeriums)
>
> Ein wesentlicher Hinweis – nämlich zur Akzeptanz des Projekts – steht im abschliessenden Nebensatz des ohnehin überlangen Satzes. Er gehört wie folgt in einen zweiten Hauptsatz: „Das Projekt will zusammen mit den Spitälern ein System festlegen, um die Einhaltung von Qualitätsanforderungen in der Psychiatrie zu prüfen. Dieses System soll weitum akzeptiert sowie umsetzbar sein und die Qualitätskultur in den Spitälern fördern."

5.4 Der präzise Text

(2) *Beim Laufen sind kontrollierte Bewegungen, eine gerade Kopf- und Rumpfhaltung, eine korrekte Armführung sowie die geradlinige Schrittführung entscheidend für den gesundheitlichen Nutzen.* (aus dem Gesundheitsblog einer Krankenversicherung)

Die Kernaussage steht am Textende: dass die genannten Massnahmen die Gesundheit fördern. Es ist also sinnvoll, den Satz umzukehren: „Den gesundheitlichen Nutzen beim Laufen beeinflussen kontrollierte Bewegungen, eine aufrechte Kopf- und Rumpfhaltung, eine korrekte Armführung sowie geradlinige Schritte."

(3) *Die ständige Optimierung der Produktionsabläufe, die Budgetplanung und -überwachung, die Qualitätssicherung sowie die Betreuung von Vertriebspartnern sind Ihre hauptsächlichen Aufgaben.* (aus einem Stelleninserat)

Das Entscheidende – nämlich, dass es sich bei den aufgezählten Tätigkeiten um die Hauptaufgaben der Stelle handelt – erfährt der Leser erst am Ende des Satzes. Die zahlreichen Abstrakta machen die Aussage darüber hinaus leserfeindlich. Setzen wir das wesentliche Textsignal an den Satzbeginn und verwenden Verben, so ergibt sich der folgende Satz: „In erster Linie optimieren Sie die Produktionsabläufe, planen und überwachen das Budget, sichern die Qualität und betreuen die Vertriebspartner."

▶ **Regel** Gehen Sie mit Ihren Informationen präzise um. Trennen Sie Wesentliches von Nebensächlichem. Nennen Sie Wichtiges vor Unwichtigem.

Literatur

zu Kapitel 5.1 (sprachliche Präzision)

Reiners, Ludwig. 2004. *Stilkunst. Ein Lehrbuch deutscher Prosa. 2. Auflage der neu bearbeiteten Ausgabe.* München: C.H. Beck, S. 242–244.

zu Kapitel 5.2.1 (Wortballast)

Gottschling, Stefan. 2008. *Stark texten, mehr verkaufen. Kunden finden, Kunden binden mit Mailing, Web&Co. 3., überarbeitete und erweiterte Auflage.* Wiesbaden: Gabler, S. 85–88.
Horst, Guillaume. 2019. „Was bedeuten die Modalpartikeln?". In: Deutsch perfekt 2. URL: https://www.deutsch-perfekt.com/deutsch-lesen/was-bedeuten-die-modalpartikeln (zuletzt abgerufen: 2.3.2023).
Sauer, Jutta. 2017. *Praxishandbuch Korrespondenz: Professionell, positiv und kundenorientiert formulieren (5. Auflage ed.).* Wiesbaden: Springer Fachmedien, S. 104–109.
Sick, Bastian. 2004. „Der angedrohte Wille". Online-Kolumne. URL: https://bastiansick.de/kolumnen/zwiebelfisch/der-angedrohte-wille/ (zuletzt abgerufen: 2.3.2023).

zu Kapitel 5.2.2 (gemässigte Wortwahl)

Felser, Georg. 2015. *Werbe- und Konsumentenpsychologie. 4., erweiterte und vollständig überarbeitete Auflage.* Berlin/Heidelberg: Springer, S. 18
Gottschling, Stefan. 2015. „Superlative: Die schlechteste Art, im Werbetext etwas Gutes zu sagen". Online-Text. URL: https://www.b4bschwaben.de/startseite_artikel,-superlative-die-schlechteste-art-im-werbetext-etwas-gutes-zu-sagen-_arid,148547.html (zuletzt abgerufen: 2.3.2023).

zu Kapitel 5.2.3 (das treffende Wort)

Märtin, Doris. 2010. *Erfolgreich texten. 4., neu bearbeitete Auflage.* Frankfurt a.M.: Bramann, S. 91–112.

zu Kapitel 5.3.1 (Pleonasmen und Tautologien)

Heckl, Reiner W. 2004. *Mit kollegialen Grüßen ... Sprachdummheiten in der Medizin. 2., bearbeitete und erweiterte Auflage.* Berlin/Heidelberg: Springer Verlag, S. 9.
Heiser, Albert. 2009. *Bullshit Bingo. Storytelling für Werbetexte.* Berlin: Creative Game Verlag, S. 45–47.

Liesem, Kerstin. 2015. *Professionelles Schreiben für den Journalismus.* Wiesbaden: Springer VS, S. 33–35.

Sauer, Jutta. 1999. *Geschäftsbriefe mit Stil. Effizient, pfiffig und kundenorientiert.* Wiesbaden: Gabler, S. 65–67.

Schneider, Wolf. 2012. *Wie Sie besser schreiben. Eine Deutsch-Stilkunde in 20 Lektionen (mit Beiträgen von Uwe Timm, Ulrich Stock, Anna von Münchhausen, Miriam Meckel und Ulrich Greiner).* Frankfurt: DIE ZEIT, S. 12.

zu Kapitel 5.3.2 (Information in verdaulichen Portionen)

Bischl, Katrin. 2015. *Die professionelle Pressemitteilung: Ein Leitfaden für Unternehmen, Institutionen, Verbände und Vereine. 2., aktualisierte und erweiterte Auflage.* Wiesbaden: VS Verlag für Sozialwissenschaften, S. 107–111.

Kadayat, Bam B./Eika, Evelyn. 2020. „Impact of Sentence Length on the Readability of Web for Screen Reader Users". In: M. Antona/C. Stephanidis (eds.), *Universal Access in Human-Computer Interaction. Design Approaches and Supporting Technologies. HCII 2020. Lecture Notes in Computer Science,* Vol. 12188. Cham: Springer.

Kercher, Jan. 2013. *Verstehen und Verständlichkeit von Politikersprache. Verbale Bedeutungsvermittlung zwischen Politikern und Bürgern.* Wiesbaden: Springer VS, S. 193–195.

Pastoors, Sven/Meyer, Lars. 2020. *Das Konzept „Starke Sprache". Wie Sie mit klaren, wirksamen Formulierungen Ihre Ziele erreichen.* Wiesbaden: Springer Fachmedien, S. 12–13.

zu Kapitel 5.4 (der präzise Text)

Groeben, Norbert. 1982. *Leserpsychologie: Textverständnis – Textverständlichkeit.* Münster: Aschendorff, S. 223–234.

Anreiz – Wecken Sie das Interesse des Lesers 6

6.1 Was ist Anreiz?

Die theoretische Sicht von Anreiz
Wir alle wissen aus eigener Leseerfahrung: Ein ansprechender Text zeichnet sich nicht nur durch reine Verständlichkeit aus, sondern regt an. Das heisst: Der Text weckt Neugier und motiviert den Leser, sich mit dem Inhalt auseinanderzusetzen.

Doch wie lässt sich der Anreiz eines Textes beschreiben? Aus psychologischer Perspektive lässt sich sagen, dass Anreiz der Gegenspieler von Verständlichkeit ist. Oder anders formuliert: Verständlichkeit und Anreiz bilden ein Gegensatzpaar.

- Ein Text ist dann verständlich, wenn er sich an der Sprachkompetenz und am Vorwissen seines Lesers ausrichtet. Wir sprechen hierbei von „Assimilation", da sich der Text an die Voraussetzungen des Lesers angleicht beziehungsweise ‚assimiliert'.
- Ein Text ist dann anregend, wenn er den Leser zu einer gedanklichen Eigenleistung zwingt. Wir sprechen hierbei von „Akkomodation", da sich der Leser an die Anforderungen des Textes anzupassen beziehungsweise zu ‚akkomodieren' hat.

Die folgende Abbildung zeigt das Wechselspiel von Assimilation des Textes und Akkomodation des Lesers (Abb. 6.1).

Anreiz trägt aus psychologischer Warte also nicht im eigentlichen Sinne zur Verständlichkeit bei. Dennoch sind wir gut beraten, Anreiz als letzte Anforderung hinter Leserfreundlichkeit, Logik und Präzision in unser Schreibtraining aufzu-

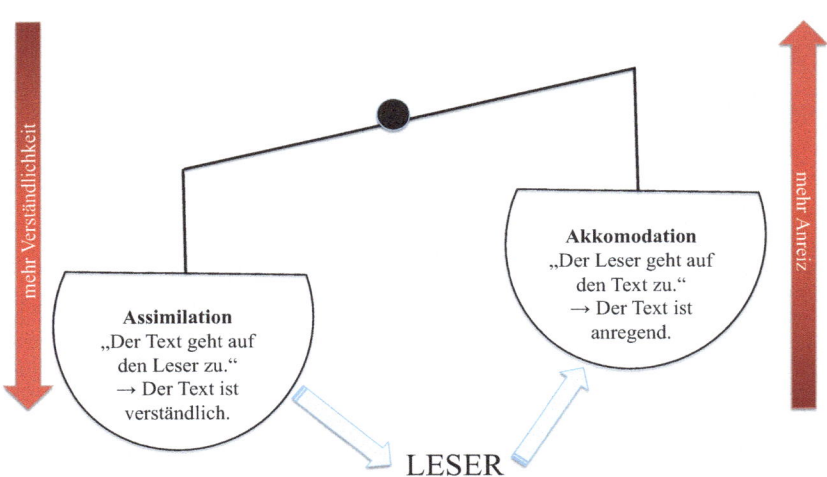

Abb. 6.1 Assimilation und Akkomodation im Wechselspiel. (Quelle: eigene Darstellung)

nehmen. Denn Studien zeigen, dass die Behaltensleistung der Leser (die Fähigkeit, den Inhalt eines Textes zu memorieren) bei mittlerer Textverständlichkeit am höchsten ist. Umgekehrt ist sie bei niedriger wie auch bei auffällig hoher Verständlichkeit vergleichsweise gering.

Da Behaltensleistung mit Textwirkung gleichzusetzen ist, lässt sich folgende Regel formulieren: Ein wirksamer Text muss dem Leser stets ein gewisses Mass an Akkomodation beziehungsweise an geistiger Eigenleistung abverlangen.

Der konzeptuelle Konflikt
Welches sind die praktischen Massnahmen, die dem Leser eine geistige Eigenleistung beziehungsweise Akkomodation abverlangen – und unseren Texten damit zu mehr Anreiz und Wirkung verhelfen?

Es gilt, den Leser in einen konzeptuellen Konflikt zu verwickeln. In der Ausgestaltung des Textes erzeugen wir einen solchen Konflikt, indem wir beispielsweise …

- auf bereits Bekanntes in anderer Form (etwa mittels eines farbigen Vergleichs) verweisen: Der Leser wird angeregt, ‚sich ein Bild zu machen'.
- Widersprüche erzeugen, indem wir alternative Meinungen und Lösungen nennen: Der Leser wird angeregt, sich selbstständig eine Meinung zu bilden.

6.1 Was ist Anreiz?

- den Leser vor offene Fragen stellen: Der Leser wird angeregt, die Fragen zu beantworten.
- den Leser mit einer gewagten Behauptung provozieren: Der Leser wird angeregt, Stellung zu nehmen.

Alle diese fruchtbaren Konflikte motivieren den Leser, sich gedanklich mit dem Text auseinanderzusetzen und damit den Textinhalt zu verinnerlichen.

> **Beispiele:** Die folgenden beiden Anzeigen erzeugen durch Fragen und Provokationen einen konzeptuellen Konflikt – und sorgen damit für Anreiz:
>
> (1) *Wer könnte bessere Musik für Kinder machen als ein 11-Jähriger?* (Inserat eines klassischen Orchesters)
> Die Frage zieht den Leser in ihren Bann, da die Antwort keinesfalls naheliegt. Würde die Headline etwa „Mozart für Kinder" lauten, wäre sie nicht annähernd so anregend.
>
> (2) *Wir suchen Mitarbeiter mit schlechten Referenzen* (Inserat eines Gastronomiebetriebs)
> Die Headline provoziert den Leser – denn sie bricht mit allen Konventionen. Doch gerade dadurch illustriert sie die sachliche Aussage der Inseratecopy: Das Unternehmen stellt Bewerber mit unkonventionellen Lebensläufen ein.

▶ **Regel** Motivieren Sie den Leser, sich gedanklich mit Ihrem Text auseinanderzusetzen. Sie verhelfen Ihrem Text dadurch zu Anreiz und Wirkung.

Anregende und verständliche Sprache – ein Widerspruch?

Ein Text, der farbige Bilder verwendet, auf Widersprüche verweist, Fragen aufwirft oder Provokationen in den Raum stellt, verwickelt die Leser in einen konzeptuellen Konflikt und regt an.

Wie oben gezeigt, ist Anreiz aus psychologischer Sicht der Gegenspieler von Verständlichkeit. Dies bedeutet jedoch keineswegs, dass die Sprache eines anregenden Textes an Verständlichkeit im Sinne unseres Schreibtrainings einbüsst. Ganz im Gegenteil:

- Die vier Massnahmen, die wie gezeigt zum Anreiz eines Textes beitragen (Vergleiche, Fragen, Widersprüche, Provokationen), betreffen die inhaltliche Gestaltung unseres Textes.
- In sprachlicher Hinsicht entsprechen die vier Massnahmen den Geboten von Leserfreundlichkeit, Logik und Präzision. Betrachten Sie hierzu die Gegenüberstellung in der folgenden Abbildung (Abb. 6.2).

Die Gegenüberstellung zeigt: Texte enthalten nicht trotz ihrer sprachlichen Verständlichkeit, sondern gerade dank ihrer sprachlichen Verständlichkeit Anreiz und entfalten ihre Wirkung.

Das Wesen von Anreiz illustriert der folgende Vergleich zweier Mustertexte, die den Begriff „Raub" umschreiben (aus der Beispielsammlung von I. Langer, F. Schulz v. Thun und R. Tausch 1974, S. 17; s. den Literaturverweis in Abschn. 2.3):

hoher Anreiz …	bedeutet …	für die Verständlichkeit	Anforderungsstufe
farbige Bilder verwenden	etwas in anderen Worten wiederholen	die Redundanz ist sinnvoll	Präzision (s. Kapitel 5.4.1)
auf Widersprüche verweisen	Gegenargumente erwähnen	alle Informationen sind genannt	Logik (s. Kapitel 4.3.1)
Fragen aufwerfen	Gedankensprünge vermeiden	der Leser wird auf die nächste Information vorbereitet	Logik (s. Kapitel 4.3.2)
provozierende Aussagen in den Raum stellen	Klartext reden	die Ausdrucksweise ist konkret	Leserfreundlichkeit (s. Kapitel 3.2.4)

Abb. 6.2 Anreiz versus Verständlichkeit. (Quelle: eigene Darstellung)

6.1 Was ist Anreiz?

Text (1):	Text (2):
Was ist Raub? – Jemand nimmt einem anderen etwas weg. Er will es behalten, obwohl es ihm nicht gehört. Beim Wegnehmen wendet er Gewalt an oder er droht dem anderen, dass er ihm etwas Schlimmes antun werde. Dieses Verbrechen (Wegnehmen mit Gewalt oder Drohung) heisst Raub. Raub wird mit Gefängnis oder Zuchthaus bestraft.	*Was ist Raub? – Nimm an, du hast keinen Pfennig Geld in der Tasche. Aber was ist das? Da geht eine alte Dame mit ihrer Handtasche über die Strasse. Du überlegst nicht lange: ein kräftiger Schlag auf ihren Arm, und schon bist du mit der Tasche auf und davon. „Haltet den Dieb!", ruft die Dame, weil sie es nicht besser weiss. Richtig müsste sie rufen: „Haltet den Räuber!", denn wenn man dabei Gewalt anwendet oder Drohungen ausstösst, dann ist es Raub. Und wie endet die Geschichte? Nun, meistens endet sie im Knast.*

Der Unterschied zwischen beiden Texten ist klar: Text (2) ist viel anregender als Text (1). Betrachten Sie hierzu die folgende Gegenüberstellung:

Text (1)	Text (2)
nüchterner Textanfang	leichte Provokation am Textanfang („Nimm an, du hast kein Geld").
anonyme Figuren („jemand")	persönliche Ansprache („du")
keine Bilder	farbiger Vergleich („Raub bedeutet: Entwendung unter Gewalt und Drohung. Also ist es Raub, wenn du einer alten Dame gewaltsam die Handtasche stiehlst.")
kein Widerspruch	Widerspruch zur Einleitung der Definition („‚Haltet den Dieb!', ruft die Dame… Richtig müsste sie rufen: ‚Haltet den Räuber!'")
keine Fragen (ausser in der Einleitung)	Frage zur Einleitung der Moral („Und wie endet die Geschichte?")

Dabei entspricht Text (2) in sprachlicher Hinsicht unseren Anforderungen nach Leserfreundlichkeit, Logik und Präzision. Oder anders formuliert: Die Sprache von Text (2) bleibt stets verständlich – und dies allem inhaltlichen Anreiz zum Trotz.

Wir beschränken uns zum Abschluss dieses Schreibtrainings auf vier sprachliche Massnahmen, die den Anreiz unserer Wörter, unserer Sätze und unseres gesamten Textes fördern. Die entsprechenden Massnahmen sind auf unserer letzten Checkliste zum Anreiz in der folgenden Abbildung aufgelistet (Abb. 6.3).

▶ **Regel** Anregende Texte zeichnen sich durch eine verständliche Sprache aus. Schreiben Sie daher leserfreundlich, logisch und präzise.

Checkliste Anreiz

Nr.	Was zeichnet unseren Text aus?	Was ist zu vermeiden?	Häufigkeit des Verstosses (s. Kapitel 2.4)
4. Anreiz			
4.1.1	• abwechslungsreiche Wortwahl	• Wortgleichklang	46,8 %
4.2.1	• abwechslungsreicher Satzbau	• monotone Satzstruktur	6,7 %
4.2.2	• farbiger Satzinhalt	• Floskeln	18,8 %
4.3.1	• angemessene Darstellung und Textlänge	• ‚aufgeblasenes' Thema	11 %

Abb. 6.3 Unsere Checkliste zum Anreiz. (Quelle: eigene Darstellung)

6.2 Das anregende Wort

6.2.1 Abwechslungsreiche Wortwahl

Das Problem
Nummer 4.1.1 der Checkliste behandelt die Frage der Wortwiederholungen: Die Wiederholung eines einzelnen Begriffs oder die gehäufte Abfolge gleich gebildeter Wörter wirkt einschläfernd. Sie verringert die Aufmerksamkeit des Lesers und hält ihn von einer gedanklichen Eigenleistung ab. Die Wirkung des Textes und damit seine Verständlichkeit sind eingeschränkt.

Keine Monotonie
Wir haben in Abschn. 5.2.3 empfohlen, treffende Wörter zu verwenden. Jedes noch so treffende Wort fällt dem Leser jedoch zur Last, wenn es im selben Text mehrmals und in kurzer Abfolge hintereinander erscheint. Zudem erweckt der Schreiber durch unkontrollierte Wortwiederholungen den Eindruck, ihm seien die Worte ausgegangen.

> **Beispiele:** In den folgenden Textpassagen wird dasselbe Wort (oder derselbe Wortstamm) in kurzen Abständen wiederholt. Die Textpassagen wirken dabei monoton und arm an Anreiz.
>
> (1) *Venedig, die Lagunenstadt, fasziniert nicht nur ihrer Kunstschätze und Einmaligkeit der Lage wegen, sondern auch der zurückhaltenden Freundlichkeit der Venezianer, der guten Küche und der romantischen Atmosphäre wegen.* (aus dem Prospekt eines Reiseveranstalters)
>
> Der Satz enthält zweimal die unübliche – und wegen der Umklammerung (s. Abschn. 3.3.1) leserfeindliche – Konstruktion *(einer Sache) wegen*. Eine solche Wortwiederholung wirkt unbeholfen.
>
> (2) *Die elektronische Identität besteht aus fünf Modulen. Mit dem Modul Einloggen erhalten Anwender Zugang zu zahlreichen Websites. Mit dem*

> *Modul Freigeben entscheidet der Anwender, welche Daten er welcher Website überlässt. Das vereinfacht z. B. das Ausfüllen von Formularen. Das Modul Bestätigen ermöglicht durch die Zwei-Faktor-Authentifizierung das Login zu Websites mit erhöhten Sicherheitsanforderungen. Das Modul Ausweisen enthält eine geprüfte Identität und ermöglicht digitale Prozesse ohne Medienbruch. Mit dem Modul Unterschreiben unterzeichnen die Anwender Dokumente und Verträge rechtsgültig elektronisch.* (eine Unternehmensberatung)
>
> Die Passage wiederholt mehrmals die Sequenz *das Modul/mit dem Modul*. Eine übersichtliche Aufzählung statt eines sich wiederholenden Lauftextes ist hier vorzuziehen.
>
> (3) Eine Herstellerin von Nahrungsmitteln unterstützt die Konsumenten ihres Produkts in den folgenden Worten:
>
> *Denken Sie bei allen guten Vorsätzen daran, dass Ernährungsumstellungen nicht augenblicklich realisiert werden können. Lassen Sie sich Zeit, und beschreiten Sie den Weg in kleinen, vollständig realisierbaren Schritten. Versuchen Sie, sich durch positives Denken anzuspornen: Halten Sie sich stets vor Augen, was Sie in Ihrem Leben bereits realisieren konnten …*
>
> Auf engem Raum tritt der Fremdwortstamm *realisier(en)* dreimal auf, das Modalverb *können* zweimal. Die unkontrollierte Verwendung von *realisieren* wird am pleonastischen Zusatz *vollständig* sichtbar (eine Änderung des Verhaltens wird entweder vollständig oder gar nicht *realisiert* beziehungsweise vorgenommen; s. Abschn. 5.3.1).

Ebenso monoton wirkt übrigens die Wiederholung einzelner Wortbestandteile: das heisst, die Wiederholung derselben Endung (beispielsweise der Abstraktsuffixe *-keit* und *-heit*) oder derselben Silbe. Arm an Anreiz sind deshalb Sätze wie „Wir sehen eine Möglich**keit**, die Fällig**keit** Ihrer Verbindlich**keit** aufzuschieben" oder „Das **Zitat** macht in der **Tat** deutlich, dass solche Un**tat**en inzwischen gesellschaftlich akzeptiert sind".

▶ **Regel** Vermeiden Sie Wortgleichklang.

6.3 Der anregende Satz

6.3.1 Abwechslungsreiche Satzstruktur

Das Problem
Nummer 4.2.1 der Checkliste behandelt die Frage, in welcher Hinsicht Satzstrukturen dem Anreiz unseres Textes förderlich sind: In der Formulierung von Sätzen sind wir an die Gesetze der deutschen Wortstellung gebunden. Die Gebote zur Leserfreundlichkeit und Präzision (Satzklammern reduzieren, keine Schachtelsätze, keine überlangen Sätze usw.) schränken unsere Möglichkeiten zusätzlich ein. Umgekehrt wirkt eine Abfolge von strukturgleichen Sätzen – das heisst von Sätzen, die in Wortstellung und Länge nicht variieren – monoton und/oder überhastet. Sie hält den Leser von einer gedanklichen Eigenleistung ab; die Verständlichkeit des Textes und damit seine Wirkung sind eingeschränkt.

Standardwortstellung gegen Anreiz
Ohne Zweifel enthält ein Text wenig Anreiz, dessen Sätze sich in ihrer Struktur – das heisst in Wortstellung und Satzlänge – kaum voneinander unterscheiden. Umgekehrt haben wir bereits in Abschn. 2.2 gesehen, dass Rhythmuswechsel durch unterschiedliche Wortstellung und wechselnde Satzlänge unserem Text mehr Anreiz und Wirkung verleihen.

In der Formulierung deutscher Sätze sind wir jedoch nicht frei. Wir haben bereits in Abschn. 3.3.1 beziehungsweise in Abschn. 5.3.2 festgestellt, dass ...

- Abweichungen von der Standardwortstellung Subjekt-Prädikat-Objekt nicht zu missverständlichen, leserfeindlichen Sätzen führen dürfen.
- Abweichungen von der Faustregel, wonach ein deutscher Satz nur einen Nebensatz enthält, nicht zu überlangen, unpräzisen Sätzen führen dürfen.

Rhythmuswechsel sollen daher nicht auf Kosten von Leserfreundlichkeit und Präzision erfolgen.

> **Beispiele:** Die folgenden beiden Textpassagen bieten eine Abfolge von strukturgleichen Sätzen. Sie wirken daher gehetzt und monoton.
>
> (1) *Das Rohstoffunternehmen hat in einer Medienmitteilung Verwirrung gestiftet. Es vermeldete, seine Aktien seien in den Leitindex Swiss Market Index (SMI) aufgenommen worden. Es handelte sich aber um eine Verwechslung. Die Aktien wurden in den SPI aufgenommen.* (aus einer Medienmitteilung)
>
> Drei der vier Sätze dieses Texteinstiegs sind auffällig kurz und in Standardwortstellung verfasst. Während die Standardwortstellung der Darstellungsform (Medienmitteilung) geschuldet ist, wirken die kurzen Sätze unruhig. Die beiden letzten Sätze zu vereinen, ist dem Rhythmus zuträglich: „Es handelte sich aber um eine Verwechslung, da die Aktien in den SPI aufgenommen wurden."
>
> (2) *Ein Messestand dient als Erlebniswelt der jeweiligen Marke. Als anziehender Treffpunkt. Als erlebbare Präsentationsplattform des Angebots. Und als attraktiver Blickfang.* (Website eines Gestalters von Messeständen)
>
> Der einleitende Kurzsatz sowie die folgenden drei Nominalsätze liefern ein anschauliches Beispiel für den sogenannten „Stakkatostil".

▶   **Regel** Variieren Sie Wortstellung und Länge Ihrer Sätze – aber nicht auf Kosten von Leserfreundlichkeit und Präzision!

6.3.2   Floskeln? Nein danke!

Das Problem
Nummer 4.2.2 der Checkliste behandelt den Gebrauch von Floskeln, das heisst von feststehenden Wendungen: Da die Interpretation einer vielgehörten Floskel eine Routinehandlung darstellt, benötigt der Leser hierfür nur eine geringe gedankliche

6.3 Der anregende Satz

> **Beispiele:** Die folgenden beiden Textpassagen fallen durch zahlreiche Floskeln auf.
>
> (1) *„Ich bin ein Politiker, der tragfähige und nachhaltige Lösungen sucht, in denen alle beteiligten Parteien sich wiederfinden", beschreibt sich der Kandidat selber. „Ich bin ein Brückenbauer, der die Chancen erkennt und nicht unbedingt die Probleme sieht."* (Porträt in einer Tageszeitung)
>
> Dass Lösungen *tragfähig und nachhaltig* sowie von möglichst vielen akzeptiert sein sollten, versteht sich von selbst. Dennoch handelt es sich bis heute um eine häufig gelesene Floskel.
>
> (2) *Auf die Frage nach einem allfälligen Reputationsschaden ... antwortet der Parteipräsident: „Sind die Vorfälle sauber aufgeklärt und aufgearbeitet, sind daraus die richtigen Schlüsse gezogen und notwendige Massnahmen ergriffen, dann ist ein Imageschaden nicht zwingend."* (aus einem Zeitungsbericht)
>
> Das Zitat des Politikers besagt ... im Grunde nichts.

Eigenleistung. Je geringer jedoch seine Eigenleistung ausfällt, desto geringer sind Anreiz und Verständlichkeit.

Keine Phrasendrescherei
Unter dem Begriff Floskel verstehen wir ständig wiederkehrende, vielgehörte Redewendungen (Phrasen), also Sprachschablonen. Die Floskel lässt sich meist an ihren Bestandteilen erkennen, die bereits im Zusammenhang von Leserfreundlichkeit und Präzision genannt sind. Es sind dies unter anderem ...

- Abstrakta (s. Abschn. 3.2.4).
- Passivformulierungen (s. Abschn. 3.3.3).
- Allerweltswörter und Indefinita (s. Abschn. 5.2.1).
- Pleonasmen und Tautologien (s. Abschn. 5.3.1).

Floskeln sind dem Anreiz unseres Satzes abträglich, da sie abgegriffen, ohne Überraschungsmoment und Aussagekraft sind. Ein floskelhafter Text wie der folgende Mustertext lässt sich daher schier ins Endlose erstrecken, ohne zu einer greifbaren Aussage zu gelangen:

> „Gewichtige Probleme ... – ... stehen im Raum. Die Lösung dieser Probleme ... – ... soll unverzüglich an die Hand genommen werden. Zu diesem Zweck müssen konkrete Massnahmen ... – ... in die Wege geleitet werden." usw.

Beispiel: Die folgende Medienmitteilung eines Konzertveranstalters hat den Zweck, Zusatzvorstellungen anzukündigen:

Zwei Zusatzvorstellungen für das Erfolgsmusical „Amore Infinito"!
In acht Wochen feiert das Musical Amore Infinito Premiere. Seit gut einer Woche laufen die Proben, der Aufbau der Open Air-Bühne ist in vollem Gang. Aufgrund der guten Vorverkaufszahlen gaben die Veranstalter Anfang März bereits die Vergrösserung der Tribüne von 2400 auf knapp 2800 Plätze bekannt. Nun freuen sie sich über die Möglichkeit, zwei Zusatzvorstellungen anzusetzen.
„Die Tickets für Amore Infinito sind sehr begehrt. Die positiven Rückmeldungen nach Bekanntgabe des Musicals im letzten Frühjahr hatten uns bereits ein erstes Indiz dafür gegeben, dass Amore Infinito ein Erfolg werden würde. Nun freuen wir uns sehr, den Musicalfans aufgrund der grossen Nachfrage zwei weitere Vorstellungen zu bieten", äussert sich der Sprecher der Veranstalter und ergänzt: „Nach der bereits entschiedenen Vergrösserung der Tribüne bietet sich eine weitere tolle Möglichkeit, allen Interessierten eine Chance auf Tickets zu eröffnen."

Merkmal dieses aufgeblasenen Textes ist der ständig wiederkehrende Hinweis, dass das Musical bereits vor der Erstaufführung auf ein grosses Publikumsinteresse stösst. Statt sich jedoch auf das Wesentliche zu konzentrieren – nämlich die zusätzlich angesetzten Aufführungen – weist der Text ein halbes Dutzend Mal auf den bereits feststehenden Erfolg und dessen Folgen (die Erweiterung der Tribüne) hin. So geht der Blick für das Wesentliche rasch verloren.

Der Leser denkt sich nach jeder Aussage „was denn sonst?" und wird durch solche Phrasendrescherei verärgert. Wir tun daher gut daran, auf Floskeln zu verzichten.

▶   **Regel** Hände weg von Floskeln. Denn sie sind sprachliche Schnellkost.

6.4 Der anregende Text

6.4.1 Aus seinem Thema das Beste machen

Das Problem
Nummer 4.3.1 der Checkliste behandelt die Themengestaltung unseres Textes: Viele Schreiber stehen unter dem Zwang, selbst unbedeutende Inhalte möglichst bedeutsam zu präsentieren. Zu diesem Zweck greifen sie zu Übertreibungen, Tautologien beziehungsweise Pleonasmen und Redundanzen, deren Nachteile für die Präzision des Textes bereits weiter oben beschrieben sind.

Keine Schreibhysterie
Unser Thema ist uns meist vorgegeben – leider, denn nicht jedes Thema ist gleich attraktiv. Umso mehr gilt es, in jeder Situation das Beste aus seiner Schreibaufgabe zu machen. Viele Schreiber halten sich nicht an diesen Grundsatz, sondern ...

- blasen ein unspektakuläres Thema übermässig durch Superlative auf (s. Abschn. 5.2.2).
- ziehen den Text durch Tautologien beziehungsweise Pleonasmen (s. Abschn. 5.3.1) sowie unnötige Redundanzen (s. Abschn. 5.4.1) in die Länge.

Mit anderen Worten: Solche Schreiber verfallen in eine regelrechte Schreibhysterie.

▶   **Regel** Behandeln Sie Ihr Thema angemessen – bleiben Sie auf dem Boden der sprachlichen Realität!

Literatur

zu Kapitel 6.1 (Anreiz)

Berlyne, Daniel E. 1960. *Conflict, Arousal and Curiosity.* New York: McGraw-Hill.

Groeben, Norbert. 1982. *Leserpsychologie: Textverständnis – Textverständlichkeit.* Münster: Aschendorff, S. 202–206.

Kegel, Gerd/Arnhold, Thomas/Dahlmeier, Klaus. 1985. *Sprachwirkung: Psychophysiologische Forschungsgrundlagen und ausgewählte Experimente (Bd. 6, Beiträge zur psychologischen Forschung).* Opladen: Westdeutscher Verlag.

Lutz, Benedikt. 2015. *Verständlichkeitsforschung transdisziplinär. Plädoyer für eine anwenderfreundliche Wissensgesellschaft.* Göttingen: V&R unipress GmbH, S. 253–255.

zu Kapitel 6.2.1 (abwechslungsreiche Wortwahl)

Ballod, Matthias. 2001. *Verständliche Wissenschaft. Ein informationsdidaktischer Beitrag zur Verständlichkeitsforschung.* Tübingen: Gunter Narr, S. 54–61.

Dulisch, Ralf. 1998. *Schreiben in Werbung, PR und Journalismus: Zum Berufsbild des Texters für Massenmedien.* Opladen et al.: Westdeutscher Verlag, S. 136–144.

zu Kapitel 6.3.1 (anregende Satzstruktur)

Liesem, Kerstin. 2015. *Professionelles Schreiben für den Journalismus.* Wiesbaden: Springer VS, S. 2–4.

Märtin, Doris. 2010. *Erfolgreich texten. 4., neu bearbeitete Auflage.* Frankfurt a.M.: Bramann, S. 122–123.

zu Kapitel 6.3.2 (Floskeln) und Kapitel 6.4.1 (aus seinem Thema das Beste machen)

Franck, Norbert. 2017. *Praxiswissen Presse- und Öffentlichkeitsarbeit. Ein Leitfaden für Verbände, Vereine und Institutionen. 3., aktualisierte und erweiterte Auflage.* Wiesbaden: VS Verlag für Sozialwissenschaften, S. 84–86.

Liesem, Kerstin/Kränicke, Jörn. 2011. *Professionelles Texten für die PR-Arbeit.* Wiesbaden: VS Verlag für Sozialwissenschaften, S. 17–26, 71–72.

Schwiesau, Dietz/Ohler, Josef. 2016. *Nachrichten – klassisch und multimedial. Ein Handbuch für Ausbildung und Praxis.* Wiesbaden: Springer VS, S. 132–135.

Textoptimierung – Wie Sie unsere Checkliste in der Praxis nutzen

7.1 Das Redigieren und Optimieren von Texten in der Praxis

Unsere Checkliste – ein taugliches Instrument
Unsere Checkliste dient als praktisches Instrument, um eigene oder fremde Texte zu redigieren und zu optimieren. Mit Hilfe der Checkliste sind Sie in der Lage, …

- einzelne Verstösse gegen die Verständlichkeit rasch zu erkennen,
- die jeweiligen Verstösse einfach und systematisch zu benennen (statt sie kompliziert zu umschreiben)
- und schliesslich die entsprechenden Textpassagen effizient zu optimieren.

Wichtiger noch: Die Checkliste hilft Ihnen, Textvorlagen und Recherchematerial kritisch zu prüfen und stilistisch einwandfrei im eigenen Text zu verwenden. Die folgenden praxisnahen Beispiele belegen, wie effizient sich Texte mit Hilfe der Checkliste analysieren und redigieren lassen.

Beispiel 1: Die Medienmitteilung eines Gemeinderats
Medienmitteilungen bilden die Grundlage der schriftlichen Unternehmenskommunikation – und müssen in einer nüchternen, verständlichen Sprache verfasst sein.

Der folgende Text stammt aus der Medienmitteilung des Gemeinderats einer Vorortgemeinde. Er lässt sich durch unsere Checkliste einfach optimieren.

Vorprojekt zur Umsetzung der Sportanlagen-Initiative
Für das Vorprojekt zur Umsetzung der Sportanlagen-Initiative hat der Gemeinderat einen Zusatzkredit bewilligt. Mit diesem Kredit sollen weitere Vorabklärungen zur Erarbeitung des Bauprojekts getroffen werden. Ziel ist es, an der kommenden Gemeindeversammlung den Stimmberechtigten einen Planungskredit für den Ersatzneubau des Trainingsplatzes und die Sanierung des Hauptspielfeldes einschliesslich der Erstellung von zusätzlichen Garderoben der Sportanlage zu beantragen.

Bereits letztes Jahr hat der Gemeinderat die Stossrichtung für die Umsetzung der zuvor eingereichten Initiative für die Erstellung von neuen Sportanlagen gutgeheissen. Seither wurden ausgehend von einer aus dem Vorjahr stammenden Planungsstudie zur Neuanordnung der Sportplätze im Dialog mit Vertretern des Fussballvereins mögliche Varianten zur Umsetzung der Initiative geprüft. Basierend auf einer von einem Fachexperten erstellten Bedarfsanalyse liegt mittlerweile ein Projektvorhaben vor, das gleichermassen die Bedürfnisse des Fussballclubs wie auch die finanzielle Situation der Gemeinde berücksichtigt …

Mit Hilfe unserer Checkliste lässt sich die Medienmitteilung wie folgt optimieren und verständlich gestalten (wenn nötig, sind die einzelnen Korrekturen in der rechten Spalte erläutert):

7.1 Das Redigieren und Optimieren von Texten in der Praxis

Originaltext	Bemerkungen zur Redaktion
Vorprojekt zur Umsetzung der Sportanlagen-Initiative	Der Titel besteht nur aus abstrakten Nomina. Er ist daher wenig verständlich.
*Für das Vorprojekt zur **Umsetzung*** (1.1.4)[1] *der Sportanlagen-Initiative hat der Gemeinderat einen Zusatzkredit bewilligt.*	[1]: Abstraktes Substantiv: Konkret und verständlicher lautet die Aussage: „Um das Vorprojekt umzusetzen, ..."
Mit (1.3.1)[2] *diesem Kredit sollen weitere **Vorabklärungen*** (1.1.3)[3] *zur **Erarbeitung*** (1.1.4)[4] *des Bauprojekts **getroffen werden*** (1.2.3)[5]*.*	[2]: Sprachdummheit: Gemeint ist an dieser Stelle „durch diesen Kredit".

[3]: Unübersichtliche Augenblicksbildung: Eleganter ist „vorweg ... Abklärungen" (s. unter [5]).

[4]: Abstraktes Substantiv: Wie in [1] lässt sich diese Aussage ohne Aufwand konkret und verständlich gestalten (s. unter [5]).

[5]: Unnötiges Passiv: Das passive Verb lässt sich leicht durch eine aktive Aussage ersetzen: „Der Kredit ermöglicht vorweg weitere Abklärungen, um das Bauprojekt zu erarbeiten." |
| *Ziel ist es, an der kommenden Gemeindeversammlung den Stimmberechtigten **einen Planungskredit für den Ersatzneubau des Trainingsplatzes und die Sanierung des Hauptspielfeldes einschliesslich der Erstellung von zusätzlichen Garderoben der Sportanlage*** (1.2.2)[6] *zu beantragen* (3.2.2)[7]*.* | [6]: Überlange Nominalgruppe (*Planungskredit ... Sportanlage*): Die Aussage muss portioniert werden: „An der kommenden Gemeindeversammlung wollen die Verantwortlichen den Stimmberechtigten einen Planungskredit zur Abstimmung vorlegen. Bei einem Ja der Stimmberechtigten errichtet die Gemeinde einen neuen Trainingsplatz, saniert das Hauptspielfeld und erstellt zusätzliche Garderoben in der Sportanlage."

[7]: Überlanger Satz: Der Satz umfasst 33 Wörter (s. unter [6]). |
| *Bereits letztes Jahr hat der Gemeinderat **die Stossrichtung für die Umsetzung der zuvor eingereichten Initiative für die Erstellung von neuen Sportanlagen*** (1.1.4; 1.2.2)[8] *gutgeheissen* (1.2.1)[9]*.* | [8]: Überlange, allzu abstrakte Nominalgruppe: Indem wir zentrale Abstrakta in Verben verwandeln, portionieren wir die Aussage: „Bereits letztes Jahr hiess der Gemeinderat die Stossrichtung gut, um die zuvor eingereichte Initiative umzusetzen und die darin geforderten Sportanlagen zu errichten."

[9]: Überlange Satzklammer: Die Satzklammer umfasst 21 Wörter. Sie entfällt, wenn die Nominalgruppe portioniert wird und die Abstrakta konkreten Verben weichen (s. unter [8]). |

*Seither **wurden** (1.2.1; 1.2.3)[10] ausgehend von einer aus dem Vorjahr stammenden Planungsstudie zur Neuanordnung der Sportplätze im Dialog mit Vertretern des Fussballvereins **mögliche** (3.2.1)[11] Varianten zur **Umsetzung** (1.1.4)[12] der Initiative geprüft.*

[10]: Überlange Satzklammer und unnötiges Passiv: Die Satzklammer umfasst 24 Wörter. In verständlicher Form lautet die Aussage: „Um die Initiative umzusetzen, prüfte die Gemeinde im Dialog mit Vertretern des Fussballvereins seitdem unterschiedliche Varianten. Sie stützte sich auf eine Planungsstudie aus dem Vorjahr, welche die Neuanordnung der Sportplätze behandelt."

[11]: Pleonastisches Adjektiv: Varianten sind stets *möglich*. Das Adjektiv kann ersatzlos entfallen.

[12]: Abstraktes Substantiv: siehe unter [10].

***Basierend** (1.1.2)[13] auf einer von einem Fachexperten erstellten Bedarfsanalyse liegt mittlerweile ein Projektvorhaben vor, das gleichermassen die Bedürfnisse des Fussballclubs wie **auch** (2.1.1)[14] die finanzielle Situation der Gemeinde berücksichtigt ...*

[13]: Fremdwort ohne Mehrwert: *Basieren* lässt sich leserfreundlich durch *beruhen* ersetzen.

[14]: Wenig logische Konjunktion: *Auch* gehört ersatzlos gestrichen.

Die Analyse bringt die Schwächen dieser Medienmitteilung an den Tag:

- Die Ausdrucksweise ist zu abstrakt gehalten. Ein solcher Text begeistert den Leser nicht.
- Einzelne Sätze enthalten überlange Satzklammern und Nominalgruppen, die das Verständnis zusätzlich erschweren.
- Gewisse Kernaussagen sind im Passiv formuliert, was ihre Glaubwürdigkeit verringert.

Beispiel 2: Die Rede des Bildungspolitikers
Viele mündliche Texte eignen sich nicht direkt für eine schriftliche Wiedergabe, sondern bedürfen einer Überarbeitung und Optimierung – ein Fall für unsere Checkliste.

7.1 Das Redigieren und Optimieren von Texten in der Praxis

Die folgende Textpassage stammt aus einem Text eines Bildungspolitikers. Der Text ist als Rede gehalten und danach in schriftlicher Form veröffentlicht worden.

Wir halten heute bereits die letzte Zusammenkunft dieser Legislaturperiode ab. Allerdings steht noch ein arbeitsreiches Reformjahr bevor ...

Ich bin mir bewusst, dass die Qualität unserer Schulen in erster Linie vom täglichen Einsatz aller Lehrpersonen in der Schule abhängt. Wenn wir auch im internationalen Vergleich ein gutes Bildungswesen haben, so ist das in erster Linie ein Verdienst der Lehrkräfte, die täglich mit grossem Engagement und hoher didaktischer Kompetenz ihren Bildungsauftrag erfüllen. Ich danke Ihnen für diesen für die Zukunft unserer Jugend und Gesellschaft entscheidenden Einsatz. Ohne ein ausgezeichnetes Bildungswesen kann unser wichtigster Rohstoff, unser eigenes Können, nicht veredelt werden. Ich ersuche Sie, diesen Dank auch an Ihre Kolleginnen und Kollegen weiterzuleiten. Wir haben gute Schulen – das hat uns letzte Woche auch eine hochkarätige englische Delegation bestätigt.

Unser Bildungswesen steht – wie auch unsere Gesellschaft – im Spannungsfeld von Kontinuität und Wandel, von lokalen und globalen Einflüssen. Einerseits muss Bildung Bleibendes kommunizieren, andererseits muss sie aber auch das Spezifische für die Lebenstüchtigkeit von morgen vermitteln. Dabei besteht natürlich Unsicherheit darüber, worauf es morgen ankommen wird. Die Gefahr ist gross, dass Neues zum Bestehenden gefügt und der Oberflächlichkeit Vorschub geleistet wird. Dies ist auch darauf zurückzuführen, dass es uns schwerfällt, lieb Gewordenes in Frage zu stellen und abzubauen, wo sich Neues aufdrängt. Dabei ist auch zu beachten, dass sich das gesellschaftliche Umfeld ändert. Lokales und Globales leben in wachsendem Masse auf engem Raum. Gesellschaft und Schule stehen in einem engen, vielschichtigen Wechselverhältnis und prägen die Schule mit. Auch im Schulalltag erleben Sie und die Schülerinnen und Schüler eine zunehmend multikulturelle, rastlose, medien- und informationstechnologisch geprägte Jugend.

Dabei ist zu bedenken, dass sich die Kritik der Schule häufig darauf richtet, dass Bewährtes nicht mehr beherrscht wird. Der Schule wird vorgeworfen, sie pflege die Sprachfähigkeit und den schriftlichen Ausdruck in der Muttersprache zu wenig. Dies mag teilweise mit dem vor allem seit den 60er-Jahren steigenden Anteil Fremdsprachiger in den Schulen zusammenhängen.

Mit Hilfe unserer Checkliste lässt sich der ursprüngliche Redetext für die schriftliche Veröffentlichung folgendermassen optimieren (wenn nötig, sind die einzelnen Korrekturen in der rechten Spalte erläutert):

Originaltext	Bemerkungen zur Redaktion
Wir halten heute bereits die letzte Zusammenkunft dieser Legislaturperiode ab. **Allerdings** *(2.1.1)[1] steht noch ein arbeitsreiches Reformjahr bevor. ...*	[1]: Unlogischer Satzanschluss durch Konjunktion: Die Konjunktion *allerdings* ist unlogisch, da keine Einschränkung zur vorherigen Aussage vorliegt. Sie muss gestrichen werden.
Ich bin mir bewusst, dass die Qualität unserer Schulen in erster Linie vom täglichen Einsatz aller **Lehrkräfte** *(1.1.4)[2] in der Schule abhängt.*	[2]: Abstrakter Begriff: *Lehrkräfte* ist ein abstrakter Sammelbegriff. Wieso nicht konkret „die Qualität ... hängt vom Einsatz der Lehrerinnen und Lehrer ab"?
Wenn *(2.1.1)[3] wir* **auch** *(2.1.2)[4] im internationalen Vergleich ein gutes Bildungswesen haben, so ist das in erster Linie ein Verdienst der Lehrkräfte, die täglich mit grossem Engagement und hoher didaktischer Kompetenz ihren Bildungsauftrag erfüllen (3.2.2)[5].*	[3]+[4]: Unlogischer Satzanschluss durch Konjunktion: Die Konjunktion *wenn* bedeutet *im Falle von...*, was hier nicht gemeint sein kann. Die Konjunktion *auch* führt zudem ins Leere. Denn wo sonst als im internationalen Vergleich kann das nationale Bildungssystem bestehen?
	[5]: Überlanger Satz (32 Wörter). Die Aussage muss portioniert werden: „Wir haben im internationalen Vergleich ein gutes Bildungssystem. Dies ist ein Verdienst der ..."
Ich danke Ihnen für **diesen für die Zukunft unserer Jugend und Gesellschaft entscheidenden** *(1.2.2)[6] Einsatz.*	[6]: Überlange Klemmkonstruktion (9 Wörter): Die Aussage muss portioniert werden: „Ich danke Ihnen für Ihren Einsatz, der für ... entscheidend ist."
Ohne ein ausgezeichnetes Bildungswesen kann unser wichtigster Rohstoff, unser eigenes Können, nicht **veredelt** *(3.1.3)[7] werden.*	[7]: Semantisch unzutreffender Begriff: Ein *Rohstoff* lässt sich nicht *veredeln*, sondern wird verarbeitet. Gemeint ist hier im Übrigen *weiterentwickelt*.
Ich ersuche Sie, diesen Dank **auch** *(2.1.1)[8] an Ihre Kolleginnen und Kollegen weiterzuleiten. Wir haben gute Schulen – das hat uns letzte Woche* **auch** *(2.1.1)[8] eine* **hochkarätige** *(3.1.1)[9] englische Delegation bestätigt.*	[8]: Unlogische Konjunktionen: Die Konjunktion *auch* kann an beiden Stellen entfallen. [9]: Ungerechtfertigte Übertreibung: *hochkarätig* ist etwas dick aufgetragen.

Unsere Empfehlungen im Überblick

Unser Bildungswesen steht – wie auch unsere Gesellschaft – im Spannungsfeld von Kontinuität und Wandel, von lokalen und globalen Einflüssen. **Einerseits muss Bildung Bleibendes kommunizieren, andererseits muss sie aber auch das Spezifische für die Lebenstüchtigkeit von morgen vermitteln** (1.3.1)[10].

[10]: Nur durch Zusatzvermutungen verständliche Textpassage: Die Satzaussage bleibt in vieler Hinsicht rätselhaft. Was sollen die Indefinita *Bleibendes* und *Spezifisches*? In welchem Sinne ist das Verb *kommunizieren* verwendet? Und worin besteht die *Lebenstüchtigkeit von morgen*?

Dabei besteht natürlich Unsicherheit darüber, worauf es morgen ankommen wird. Die Gefahr ist gross, dass Neues zum Bestehenden gefügt und der Oberflächlichkeit Vorschub geleistet **wird** (1.2.3)[11].

[11]: Passive Ausdrucksweise: Der Text strotzt von unpersönlichen Ausdrucksweisen (*es besteht Unsicherheit, es wird ankommen*) und passiven Ausdrücken – wobei die handelnden Personen im Dunkeln bleiben.

Dies ist auch darauf zurückzuführen, dass es uns schwerfällt, lieb Gewordenes in Frage zu stellen und abzubauen, wo sich Neues aufdrängt (1.3.1)[12].

[12]: Nur durch Zusatzvermutungen verständliche Textpassage: Abgesehen davon, dass der Satz auf Grund zweier Nebensätze überlang ist (3.2.2), stellt er den Leser vor Rätsel: Gemäss vorhergehendem Satz ist es ein Zeichen von Oberflächlichkeit, Neues zum Bestehenden zu fügen. Danach führt der Schreiber die drohende Oberflächlichkeit auf unsere Abneigung zurück, Neues auf Kosten von Hergebrachtem zu übernehmen. Der Leser rätselt: Leistet *Neues* der Oberflächlichkeit nun Vorschub oder nicht?

Dabei ist auch zu beachten, dass sich das gesellschaftliche Umfeld ändert. **Lokales und Globales** (3.1.1)[13] *leben in wachsendem Masse auf engem Raum.*

[13]: Indefinite Aussage: Die konsequente Ausdrucksweise im unbestimmten Neutrum verschleiert den Kern der Aussage (siehe schon unter [10]). Wenn *Lokales und Globales* auf engem Raum zusammenleben, ist das erträgliche Mass an Unverbindlichkeit erreicht.

Gesellschaft und Schule stehen in einem engen, **vielschichtigen** (3.1.1)[14] **Wechselverhältnis** (3.2.1)[15] *und prägen die Schule mit.*

[14]: Indefinite Aussage: *Vielschichtig* ist unbestimmt. Präzise ist es, die einzelnen Schichten zu benennen.

[15]: Tautologie: Ein Verhältnis ist zwangsläufig wechselseitig. *Wechselverhältnis* ist damit eine Tautologie.

Unsere Empfehlungen im Überblick

*Auch im Schulalltag **erleben Sie und die Schülerinnen und Schüler** eine zunehmend multikulturelle, rastlose, medien- und **informationstechnologisch** (1.1.3)[16] geprägte **Jugend** (1.3.1)[17].*	[16]: Augenblicksbildung: Leserfreundlich muss es heissen: „von Medien und Informationstechnologie geprägt". [17]: Nur durch Zusatzvermutungen verständliche Textpassage: Ein weiteres Rätselspiel: Lehrer erleben in ihrem Berufsalltag eine rastlose, von den Medien vereinnahmte Jugend, sprich: Jugendliche. Die Schüler/-innen durchleben eine ebensolche Jugend, sprich: Jugendzeit. Offensichtlich ist der Begriff *Jugend* im Satzgefüge *Sie (= die Lehrer) und die Schüler/-innen erleben eine rastlose ... Jugend...* in doppeltem Sinne gebraucht.
*Dabei ist zu bedenken, dass sich die **Kritik der Schule** häufig darauf richtet, dass Bewährtes nicht mehr **beherrscht wird** (1.2.3)[18].*	[18]: Passives Verb: Das Passiv ist hier besonders stossend, da der Leser gerne wüsste, wer das *Bewährte* nicht mehr beherrscht. Übrigens muss es richtig heissen: „Kritik an der Schule".
*Der Schule **wird vorgeworfen** (1.2.3)[19], sie pflege die **Sprachfähigkeit** (3.1.3)[20] und den schriftlichen Ausdruck in der Muttersprache zu wenig.*	[19]: Passives Verb: Unklar ist, wer der Urheber der Vorwürfe ist. [20]: Semantisch unzutreffender Begriff: *Sprachfähigkeit* ist angeboren. Treffender muss von *Sprachvermögen* die Rede sein.
...	

Die Analyse zeigt deutlich, worin die Schwächen dieses Redetextes in schriftlicher Fassung liegen:

- Die Ausdrucksweise ist zu abstrakt und passiv gehalten – und begeistert den Leser nicht.

7.1 Das Redigieren und Optimieren von Texten in der Praxis

- Einzelne Sätze enthalten Klemmkonstruktionen und/oder sind überlang. Der Text wirkt daher umständlich.
- Der Argumentation fehlt es in entscheidenden Passagen an Logik. Ein solcher Text vermag nicht vollends zu überzeugen.

Damit sind wir am Ende unseres Schreibtrainings angelangt. Das folgende Servicekapitel gibt eine Übersicht über die hier verwendeten Fachbegriffe und die wichtigsten Regeln der Verständlichkeit.

Ein Glossar der Fachbegriffe sowie eine Übersicht über die wichtigsten Regeln der Verständlichkeit

8.1 Ein Glossar der grammatischen und stilistischen Fachbegriffe

Abstraktum, das (Plural: die Abstrakta): Ein → Nomen, das nur geistig Wahrnehmbares bezeichnet (Beispiele: *Herausforderung, Leichtigkeit, Aktivität* usw.). Die meisten Abstrakta sind von Verben oder verbalen Ausdrücken abgeleitet (Beispiele: *leisten – die Leistung; klar sein – die Klarheit*). Abstrakta enden im Deutschen häufig auf *-ung* sowie ferner auf *-heit, -keit* u. a. m. PS: Viele Substantive fremden Ursprungs sind ebenso abstrakt. Sie lassen sich an den Suffixen *-tion, -ment, -tät, -enz* u. a. m. erkennen (Beispiele: *informieren – Information; managen – Management; genial sein – Genialität; präsent sein – Präsenz*).

Adjektiv, das: Eine Wortart, das sog. „Eigenschaftswort" (Beispiele: *neu, alt, fröhlich*). Meist beschreibt das Adjektiv in seiner Funktion als → Attribut ein zugehöriges → Nomen (Beispiele: *der neue Hauptsitz, das fortschrittliche Produkt*). Ein Adjektiv kann daneben als → Adverb verwendet werden. (Beispiele: *Ich habe lange auf eine Antwort gewartet, ich habe erfolgreich gearbeitet.*)

Adverb, das (Plural: die Adverbien): Eine Wortart, das sog. „Umstandswort". Es charakterisiert das Verb (bzw. die im → Prädikat ausgedrückte Handlung) in der Rolle eines → Adverbiales hinsichtlich Ort (wo?), Zeit (wann?), Art und Weise (wie?), Grund (warum?) und vielen anderen Angaben mehr. (Beispiele: *Das Unternehmen hat jährlich Gewinn geschrieben; Sie haben im Gespräch vollends überzeugt*).

Adverbiale, das (Plural: die Adverbialien): Die nähere Bestimmung der im → Prädikat – also meistens durch das Verb – ausgedrückten Handlung mittels eines → Adverbs. (Beispiele: *Heute findet am Hauptsitz eine entscheidende Medienkonferenz statt; der CEO verhält sich im Gespräch merkwürdig.*)

Akkusativ, der: Der „Wenfall" beim → Nomen oder → Adjektiv.

Allerweltswort, das: Ein → Nomen, das keine präzise Bedeutung hat und meist entbehrlich ist (Beispiele: *Aspekt, Bereich, Faktor*).

Attribut, das: Die Erweiterung eines → Nomens durch ein → Adjektiv oder einen hinzugefügten attributiven → Genitiv (Beispiele: *ein teures Produkt, der Erfolg des ganzen Teams*).

Augenblickskompositum, das (Plural: die Augenblickskomposita): Ein → Nomen, das spontan aus der Zusammensetzung mehrerer einzelner Glieder entsteht (Beispiele: *die Amtsbefähigungserlaubnis, die Zielerreichungsstrategie*).

Aussageweise (des Verbs), die: Die Aussageweise (der „Modus") gibt an, ob die Handlung des Verbs als wirklich, unwirklich (irreal), gewollt, möglich u. v. a. zu verstehen ist. Zu den Aussageweisen („Modi") des Verbs gehören → Indikativ, → Imperativ, → Konjunktiv I und → Konjunktiv II.

Dativ, der: Der „Wemfall" beim → Nomen oder → Adjektiv.

Floskel, die: Eine ständig wiederkehrende, vielgehörte Redewendung (Phrase) oder Sprachschablone (Beispiel: *Ein Problem steht im Raum und dafür muss eine tragfähige Lösung gefunden werden*).

Fremdwort, das: Ein → Nomen oder → Adjektiv fremder Herkunft, das – im Gegensatz zum Lehnwort – noch nicht eingedeutscht worden ist. Typisch für Fremdwörter sind Pluralbildungen mit fremden Endungen (Beispiele: *das Abstraktum – die Abstrakta, das Prinzip – die Prinzipien, das Schema – die Schemata* usw.).

Futur, das: Eine → Zeit des Verbs, die sog. „Zukunft". Das Futur I versetzt die Handlung in die Zukunft (Beispiel: *Die Pressekonferenz wird morgen stattfinden*). Das seltene Futur II (sog. „Vorzukunft") drückt aus, dass die Handlung in der Zukunft abgeschlossen sein wird (Beispiel: *Die Pressekonferenz wird morgen um 11 Uhr beendet sein*).

Genitiv, der: Der sog. „Wesfall" beim → Nomen oder → Adjektiv.

Imperativ, der: Eine → Aussageweise des Verbs. Der Imperativ drückt einen Befehl aus („Befehlsform". Beispiel: *Verfassen Sie umgehend ein Antwortschreiben!*).

Indefinitum, das (Plural: die Indefinita): Ein → Pronomen oder → Adjektiv, das auf keine feste Grösse verweist (Beispiele: *man, es, viele, einige, verschiedene* usw.) oder eine davon abgeleitete Bildung (Beispiele: *vielerorts, verschiedenerseits* usw.).

8.1 Ein Glossar der grammatischen und stilistischen Fachbegriffe

Indikativ, der: Eine → Aussageweise des Verbs, die sog. „Wirklichkeitsform". Der Indikativ zeigt an, dass die im Verb ausgedrückte Handlung tatsächlich erfolgt bzw. real ist (Beispiel: *Das Unternehmen schreibt Gewinn*).

Klemmkonstruktion, die: Eine Klemmkonstruktion entsteht, wenn zwischen Artikel und Nomen zusätzlich ein → Adjektiv/Partizip sowie ein → Adverb geklemmt wird (Beispiel: *die gestern Nachmittag zwischen beiden Parteien erfolgreich verlaufenen Verhandlungen*).

Konjunktion, die: Eine Wortart, das sog. „Bindewort". Die koordinierende Konjunktion verbindet Wörter, Wortgruppen oder Hauptsätze (Beispiele: *und, oder, aber, auch* usw.). Die subordinierende Konjunktion fügt den Nebensatz an den Hauptsatz (Beispiele: *weil, nachdem, obwohl* usw.).

Konjunktiv I, der: Eine → Aussageweise des Verbs. Der Konjunktiv I zeigt an, dass die im Verb ausgedrückte Handlung nur möglich/erhofft/vorgestellt ist (Beispiel: *Er behauptet, das Meeting sei erfolgreich verlaufen*).

Konjunktiv II, der: Eine → Aussageweise des Verbs. Der Konjunktiv II zeigt an, dass die im Verb ausgedrückte Handlung unwirklich/irreal ist (Beispiel: *Wäre die Präsentation erfolgreich verlaufen, hätte er den Auftrag erhalten*).

Modalpartikel, die: Ein kleines, unveränderliches Wort (sog. „Partikel"), das die im → Prädikat – also meistens im Verb – ausgedrückte Handlung näher nach Möglichkeit, Sicherheit usw. beschreibt (Beispiele: *wohl, sicher, eigentlich, fast* usw.).

Modalverb, das: Die Verben *wollen, sollen, müssen, dürfen, können, mögen* werden „Modalverben" genannt, wenn sie mit dem Infinitiv (der sog. „Grundform") eines anderen Verbs gebraucht werden. Dabei bestimmen sie diesen Infinitiv näher nach Notwendigkeit, Wünschbarkeit, Möglichkeit usw. der Handlung. (Beispiele: *Wir können auf Grund dieses Auftrags den Personalbestand erhöhen. Wir müssen neue Mitarbeitende gewinnen, um den Auftrag zu bewältigen.*)

Nomen, das (Plural: die Nomina): Eine Wortart, das sog. „Substantiv" oder „Hauptwort" (Beispiele: *Konzern, Firma, Unternehmen*).

Nominalgruppe, die: Eine Nominalgruppe entsteht, wenn an ein → Nomen eine Reihe von mindestens zwei → Genitivattributen und/oder → Adverbialien gehängt wird (Beispiel: *ein neuer Produktionsstandort [1] zur Herstellung [2] der aktuellen Produktelinie [3] für Kunden [4] in der Schweiz und im Ausland [5]*).

Nominalisierung, die: Eine Nominalisierung liegt vor, wenn von einem Verb ein Nomen (Substantiv) abgeleitet wird (Beispiele: *leisten – die Leistung, herausfordern – die Herausforderung*). Die Nominalisierung gehört in der Regel zu den abstrakten Begriffen (→ Abstraktum).

Nominativ, der: Der sog. „Werfall" beim → Nomen oder → Adjektiv und der Fall des → Subjekts.

Oberbegriff, der: Ein Oberbegriff liegt vor, wenn von einer Bezeichnung einzelner Individuen ein Sammelbegriff abgeleitet wird (Beispiele: *die Mitarbeiter – die Mitarbeiterschaft, die Menschen – die Menschheit, die Tiere – die Tierwelt*). Der Oberbegriff gehört in der Regel zu den abstrakten Begriffen (→ Abstraktum).

Objekt, das: Ein Satzteil, der das Ziel der im → Prädikat – also meist im → Verb – ausgedrückten Handlung angibt. Das Deutsche unterscheidet zwischen → Akkusativobjekt und → Dativobjekt (Beispiel: *Das Unternehmen hat einen neuen Kommunikationsleiter eingestellt* bzw. *das Unternehmen lässt dem Kommunikationsleiter freie Hand*). Die Frage nach dem Objekt lautet daher „wen oder was?" (Akkusativobjekt) bzw. „wem?" (Dativobjekt).

Partizip, das (Plural: die Partizipien): Eine Wortart, das vom → Verb abgeleitete sog. „Mittelwort". Das Partizip verhält sich wie ein → Adjektiv. Das Deutsche unterscheidet zwischen Partizip I (Beispiele: *sprechend, sehend, sagend*) und Partizip II (Beispiele: *gesprochen, gesehen, gesagt*).

Passiv, das: Die sog. „Leideform" des → Verbs, die mit dem Hilfsverb *werden* sowie dem Partizip II gebildet wird (Beispiel: *Die Massnahmen wurden von der Geschäftsleitung ergriffen*). Dem Passiv steht das Aktiv, die sog. „Tatform", gegenüber (Beispiel: *Die Geschäftsleitung ergriff die Massnahmen*). „Versteckt" passiv sind ferner Ausdrücke mit „sich … lassen", „ist … zu" sowie Adjektive auf *-bar* (Beispiele: *die Aufgabe lässt sich lösen/ist lösbar = die Aufgabe kann gelöst werden, die Aufgabe ist zu lösen = die Aufgabe muss gelöst werden*).

Perfekt, das: Eine → Zeit des Verbs, die sog. „Vorgegenwart". Das Perfekt versetzt die Handlung des Verbs in die Vergangenheit. Dabei zeigt es an, dass die Handlung noch Auswirkungen auf die Gegenwart hat (Beispiel: *Gestern ist der Aktienkurs markant gefallen – und deshalb sind die Anleger heute nervös*).

Pleonasmus, der: Ein Pleonasmus entsteht, wenn zwei sinngleiche Begriffe unterschiedlicher Wortart (zum Beispiel ein sinngleiches → Adjektiv und → Nomen) miteinander kombiniert werden (Beispiele: *die neue Erfindung, die fachkundigen Experten*). Pleonastisch im weiteren Sinne sind Verbindungen aus Adjektiv und Nomen, wobei das Adjektiv einen selbstverständlichen Sachverhalt bezeichnet (Beispiele: *die anspruchsvollen Kunden, der erfreuliche Gewinn*).

Plusquamperfekt, das: Eine → Zeit des Verbs, die sog. „Vorvergangenheit". Das Plusquamperfekt versetzt die Handlung des Verbs in die entfernte (vor der Zeitstufe des → Präteritums liegende) Vorvergangenheit (Beispiel: *Nachdem die Kurse massiv gefallen waren, wurde der Börsenhandel ausgesetzt*).

8.1 Ein Glossar der grammatischen und stilistischen Fachbegriffe

Prädikat, das: Ein Satzteil, die sog. „Satzaussage". Das Prädikat besteht aus dem Verb und bildet die Grundlage des Satzes (Beispiele: *Das Unternehmen erzielt Gewinn, die Mitarbeitenden arbeiten motiviert*).

Präsens, das: Eine → Zeit des Verbs, die sog. „Gegenwart". Das Präsens versetzt die Handlung in die Gegenwart oder in eine nahe Zukunft (Beispiele: *Die Wirtschaft floriert, das Bruttosozialprodukt steigt dieses Jahr*).

Präteritum, das: Eine → Zeit des Verbs, die sog. „Vergangenheit" oder das sog. „Imperfekt". Das Präteritum versetzt die Handlung des Verbs in die Vergangenheit. Dabei zeigt es an, dass die Handlung auf die Gegenwart keine Auswirkungen mehr hat (Beispiel: *Damals regnete es den ganzen Sommer und die Landwirtschaft erlitt hohe Einbussen*).

Pronomen, das (Plural: die Pronomina): Eine Wortart, das sog. „Fürwort". Das Pronomen ist Begleiter oder Stellvertreter eines Nomens (Beispiel: *Dieser Plan verspricht Gewinn; er ist gut durchdacht*).

Pronominaladverb, das: eine Klasse von → Adverbien, die sichtbar aus einer Präposition und einem pronominalen Element zusammengesetzt sind (Beispiele: *da-bei, so-mit, dar-auf*).

Redundanz, die: Die Wiederholung eines Sachverhalts im selben Text.

Reihenbildung, die: Unschöne stereotype Bildungen gleicher Endung, meistens → Adjektive (Beispiele: *mach-bar, ableit-bar, sicht-bar, mengen-mässig, gleich-mässig* usw.).

Satzklammer, die: Eine Eigenheit der deutschen Wortstellung. Eine Satzklammer entsteht bei zusammengesetzten Verben oder Zeiten, wo das bedeutungstragende Verb erst am Satzende – also hinter allen anderen Satzteilen – aufscheint (Beispiel: *Das Parlament hat gestern Abend in der Bundeshauptstadt nach langen Beratungen einen Antrag zur besseren Anbindung der nationalen Verkehrspolitik an die EU-Normen angenommen*).

Schachtelsatz, der: Ein Schachtelsatz entsteht, wenn in einen Nebensatz mindestens ein weiterer Nebensatz verschachtelt wird (Beispiel: *Da die Verhandlungen, die an einem geheimen Ort stattgefunden haben, gescheitert sind, besteht keine Aussicht mehr auf eine Einigung*).

Subjekt, das: Ein Satzteil, der sog. „Satzgegenstand". Das Subjekt ist der Träger der Handlung, die im → Prädikat ausgedrückt wird (Beispiel: *Das Unternehmen schreibt Gewinn, die Aktionäre profitieren*). Die Frage nach dem Subjekt lautet „Wer oder was (tut etwas)?".

Superlativ, der: Die höchste Stufe in der Steigerung des → Adjektivs, die sog. „Höchststufe" (Beispiele: *das beste Produkt, das stärkste Argument*). Einem Superlativ nahe kommen Adjektive wie *hervorragend, führend, exzellent, ex-*

klusiv u. a. m., welche die höchste Steigerung bereits in sich tragen (,versteckte' Superlative).

Synonym, das: Ein bedeutungsgleiches Wort (Beispiel: *das Mobiltelefon = das Handy =* schweizerisch *das Natel*).

Tautologie, die: Eine Tautologie entsteht, wenn zwei sinngleiche Begriffe gleicher Wortart (zum Beispiel zwei sinngleiche → Adjektive) miteinander kombiniert werden (Beispiel: *das neue, innovative Produkt*).

Umklammerungsregel, die: → Satzklammer.

Verb, das: Eine Wortart, das sog. „Tätigkeitswort".

Standardwortstellung, die: Im gewöhnlichen (unmarkierten) deutschen Satz folgen die einzelnen Satzglieder in der Reihenfolge Subjekt-Prädikat-Objekt aufeinander (Beispiel: *Das Unternehmen schreibt Gewinn*).

Zeit (des Verbs), die: Die Zeit („Tempus") drückt aus, zu welchem relativen Zeitpunkt (zu welcher Zeitstufe) die Handlung des Verbs erfolgt. Das Deutsche kennt die folgenden Zeiten („Tempora"): das → Präsens („Gegenwart"), das → Perfekt („Vorgegenwart"), das → Präteritum („Imperfekt" oder „Vergangenheit"), das → Plusquamperfekt („Vorvergangenheit"), das → Futur I („Zukunft") sowie das seltene Futur II („Vorzukunft").

8.2 Alle Empfehlungen im Überblick

Die erste Anforderung: Schreiben Sie leserfreundlich!

Fachbegriffe und Synonyme (Checkliste 1.1.1)
- Verwenden Sie Fachbegriffe nur dann, wenn der Leser sie auch wirklich kennt und versteht.
- Verwenden Sie einheitliche Begriffe. Sorgen Sie damit für eine sinnvolle Redundanz.
- Meiden Sie Synonyme. Denn Synonyme wirken oft floskelhaft und tragen eine unterschwellige Wertung mit sich. Zudem führen sie den Leser in die Irre, wenn die zum Verständnis notwendige Information fehlt.

Fremdwörter (Checkliste 1.1.2)
- Verwenden Sie Fremdwörter, die einen Mehrwert aufweisen.
- Ein Fremdwort ist unbedenklich, wenn es …

8.2 Alle Empfehlungen im Überblick

- keine (exakte) deutsche Entsprechung besitzt. Beispiele:
  Team (eigentlich *Gruppe*), *fair* (eigentlich *gerecht*), *fit* (eigentlich *tauglich*).
- kürzer, prägnanter und beliebter als seine deutsche Entsprechung ist. Beispiel:
  Fotokopie gegenüber *Ablichtung*.
- die Ableitung anderer Begriffe erleichtert. Beispiel:
  Telefon → *telefonieren* → *telefonisch* (statt *Fernsprecher* → *fernsprechen* → *fernsprecherisch*).

Reihenbildungen und Augenblickskomposita (Checkliste 1.1.3)
- Vermeiden Sie klobige Reihenbildungen und Augenblickskomposita. Beispiele:
  leserfeindlich: *mengenmässig, umfangmässig, inhaltsmässig; Antiumweltverschmutzungskampagne.*

Abstrakta (Checkliste 1.1.4)
- Verwandeln Sie mindestens ein Abstraktum in ein Verb zurück, wenn der Satz bereits mehr als drei Abstrakta enthält. Beispiel:
  verständlich (zwei Abstrakta): *Die Überarbeitung dieses Buches trägt dazu bei, die Schreibausbildung zu verbessern.*
  leserfeindlich (vier Abstrakta): *Die Überarbeitung dieses Buches ist ein Beitrag zur Verbesserung der Schreibausbildung.*
- Meiden Sie Doppel- und Mehrfachabstrakta. Beispiele:
  Ziel-erreichung, Ziel-erreichungs-verantwortung.
- Meiden Sie ‚Blähdeutsch'. Beispiele:
  verständlich: *Aufgabe, Ziel.*
  leserfeindlich (‚Blähdeutsch'): *Aufgabenstellung, Zielsetzung.*
- Streichen Sie Streckformen von Verben, wenn diese keinen inhaltlichen Mehrwert besitzen. Beispiele:
  verständlich: *sicherstellen, planen.*
  leserfeindlich (Streckverb): *die Sicherstellung vornehmen, sich um die Planung kümmern.*

Satzklammern und missverständliche Wortstellung (Checkliste 1.2.1)
- Vermeiden Sie Satzklammern, die mehr als zehn Wörter enthalten. Beispiel:
  verständlich: *Das Unternehmen hat im Berichtsjahr einen Gewinn von XY Franken geschrieben; dies dank der erfreulichen Wirtschaftslage in Europa und Übersee sowie der günstigen Zinssituation auf den wesentlichen Märkten.*

leserfeindlich (Satzklammer mit 18 Wörtern): *Das Unternehmen hat {im Berichtsjahr dank der erfreulichen Wirtschaftslage in Europa und Übersee sowie der günstigen Zinssituation auf den wesentlichen Märkten} einen Gewinn von XY Franken geschrieben.*
- Wählen Sie die Standardwortstellung mit Subjekt – Prädikat – Objekt, wenn sich Subjekt (Wer?) und Objekt (Wen?) austauschen lassen. Beispiel:
verständlich (Standardwortstellung): *Die gute Marktsituation motiviert die Unternehmensführung.*
leserfeindlich (umgestellter Satz mit Objekt vor Subjekt): *Die Unternehmensführung motiviert die gute Marktsituation.*

Nominalgruppen und Klemmkonstruktionen (Checkliste 1.2.2)
- Zerlegen Sie Nominalgruppen mit mehr als drei Gliedern. Beispiel:
verständlich: *Wir suchen für ein Unternehmen der Dienstleistungsbranche einen Marketingleiter. Das Unternehmen hat renommierte Kunden in ganz Europa und Übersee.*
leserfeindlich (viergliedrige Nominalgruppe): *Wir suchen für ein Unternehmen [1] der Dienstleistungsbranche [2] mit renommierten Kunden [3] in ganz Europa und Übersee [4] einen Marketingleiter.*
- Zerlegen Sie Klemmkonstruktionen, die mehr als sieben Wörter umfassen. Beispiel:
verständlich (kurze Klemmkonstruktion): *Das Unternehmen hat im Berichtsjahr einen Gewinn von XY Franken geschrieben. Dieser Gewinn ist auf die erfreuliche Wirtschaftslage in Europa und Übersee sowie die günstige Zinssituation zurückzuführen.*
leserfeindlich (Klemmkonstruktion mit 13 Wörtern): *Das Unternehmen hat im Berichtsjahr einen {auf die erfreuliche Wirtschaftslage in Europa und Übersee sowie die günstige Zinssituation zurückzuführenden} Gewinn von XY Franken geschrieben.*

Passive Verben (Checkliste 1.2.3)
- Verwandeln Sie eine passive Formulierung in eine aktive, wenn der Handlungsträger explizit genannt ist. Beispiel:
verständlich (aktives Verb): *Die steigenden Kosten beeinträchtigen das Betriebsergebnis.*
leserfeindlich (passives Verb): *Das Betriebsergebnis wird durch die steigenden Kosten beeinträchtigt.*

8.2 Alle Empfehlungen im Überblick

- Ersetzen Sie eine passive Formulierung durch eine aktive, wenn bereits zwei Passivformulierungen vorangehen.
- Achten Sie auf ‚versteckte' Passivformulierungen. Hierzu gehören ...
  - Wendungen mit *ist ... zu* (*ist anzuwenden = kann angewendet werden*)
  - Wendungen mit *lässt ... sich* (*lässt sich anwenden = kann angewendet werden*)
  - Adjektive auf *-bar* (*ist anwendbar = kann angewendet werden*)
  - manche Streckformen von Verben (*kommt zur Anwendung = wird angewendet*).

Rätselspiele (Checkliste 1.3.1)
- Geben Sie Ihren Lesern keine Rätsel auf – schonen Sie das ‚geistige Korrekturprogramm' Ihrer Leser.
- Vermeiden Sie die üblichen ‚Sprachdummheiten':
  - Achten Sie auf den korrekten Bezug von Appositionen mit *als*. Beispiel:
    verständlich: *Als erfolgreichem Unternehmer steht bei mir die Kundenzufriedenheit im Vordergrund.*
    leserfeindlich: *Als erfolgreicher Unternehmer steht bei mir die Kundenzufriedenheit im Vordergrund.*
  - Nennen Sie bei Steigerungsformen immer das Vergleichsglied. Beispiel:
    verständlich: *Das Gerät überzeugt durch die grössere Anzeige als bei der Konkurrenz.* Oder: *Das Gerät überzeugt durch seine grosse Anzeige.*
    leserfeindlich: *Das Gerät überzeugt durch seine grössere Anzeige.*
  - Verwenden Sie die Präposition *mit* korrekt im Sinne von *zusammen mit*.
    verständlich: *Durch diese Massnahmen steigt der Umsatz wieder.*
    leserfeindlich: *Mit diesen Massnahmen steigt der Umsatz wieder.*
  - Stellen Sie bei Adjektiven den richtigen Bezug her. Beispiel:
    verständlich: *Für Fragen stehen wir Ihnen zur Verfügung.* Oder: *Sofern Sie Fragen haben, stehen wir Ihnen zur Verfügung.*
    leserfeindlich: *Für allfällige Fragen stehen wir Ihnen zur Verfügung.*

Die zweite Anforderung: Schreiben Sie logisch!

Unlogischer Satzanschluss (Checkliste 2.1.1)
- Vermeiden Sie eine ‚Überlogisierung':
  - Prüfen Sie beiordnende Konjunktionen (vor allem *auch, aber, doch*) und Satzadverbien (vor allem *so, dabei, damit*) kritisch.

- Lesen Sie beim Redigieren jeden Satz ohne beiordnende Konjunktionen und Satzadverbien. Auf diese Weise erkennen Sie rasch, ob die Konjunktion bzw. das Satzadverb überflüssig oder gar falsch gesetzt ist.
• Achten Sie bei rückverweisenden Pronomen auf die richtigen Bezüge:
- Prüfen Sie bei *er, sie, es*, ob der Bezug grammatisch korrekt ist.
- Im Zweifelsfall – das heisst, wenn mehrfache Bezüge möglich sind – verweisen *er, sie, es* auf das Subjekt des vorhergehenden Satzes. Beispiel:
verständlich: *Die Verträge zwischen Arbeitgebern und Arbeitnehmern sind abgeschlossen. Die Arbeitnehmer erhalten deutliche Lohnerhöhungen.*
unlogisch (unklarer Bezug): *Die Verträge zwischen Arbeitgebern und Arbeitnehmern sind abgeschlossen. Sie erhalten deutliche Lohnerhöhungen.*
- *dieser, diese, dieses* + Substantiv verweist in der Regel auf ein gleichlautendes Substantiv im vorhergehenden Satz. Beispiel:
verständlich (sinnvolle Redundanz): *Der Marketingchef legt sein Konzept vor. Dieses Konzept nennt die wesentlichen Massnahmen zur erfolgreichen Neupositionierung.*
unlogisch („leerer" Bezug): *Der Marketingchef legt sein Konzept vor. Diese Präsentation nennt die wesentlichen Massnahmen zur erfolgreichen Neupositionierung.*

Unlogisch verwendete Zeiten und Aussageweisen des Verbs (Checkliste 2.1.2)
a) **Zeiten des Verbs**
  • Die Vergangenheitszeiten Perfekt und Präteritum nehmen unterschiedliche Funktionen wahr:
    - Das Perfekt bespricht – wie Präsens und Futur – einen Sachverhalt, der den Leser aktuell betrifft.
    - Das Präteritum erzählt – wie das Plusquamperfekt – von einem Sachverhalt, der den Leser aktuell nicht betrifft.
  • Vermischen Sie daher nicht die Texthandlungen ‚Besprechen' (Perfekt, Präsens, Futur) und ‚Erzählen' (Präteritum, Plusquamperfekt) im selben Satz bzw. nach Möglichkeit im selben Absatz.
  • Ausnahme: Der erste Satz eines Textes steht im Perfekt oder Präsens (aktualisierendes Einleitungsperfekt bzw. -präsens), selbst wenn im nächsten Satz das Präteritum folgt. Beispiel:
    verständlich: *Gestern Abend hat in Zürich die Aktionärsversammlung der X & Y AG stattgefunden* (Einleitungsperfekt). *Der Andrang der Aktionäre*

war gross, da kontroverse Themen zur Diskussion standen (Weitererzählen im Präteritum) ...
- Gehen Sie mit dem Plusquamperfekt sparsam um. Es lässt sich – ausgenommen in Nebensätzen mit *nachdem* – leicht durch das Präteritum ersetzen.

b) **Aussageweisen des Verbs/indirekte Rede**
- Die indirekte Rede steht im Nebensatz ohne *dass*, das Verb des Nebensatzes im Konjunktiv I.
- Der Konjunktiv I lässt sich bei den allermeisten Verben ausser in der 3. Person Singular nicht mehr vom Indikativ unterscheiden. Daher wird er durch den eindeutigen Konjunktiv II ersetzt. Beispiel:
verständlich: *Der Verkaufsleiter gibt bekannt, die Umsatzzahlen hätten sich im ersten Quartal erhöht. Denn die Konjunktur habe an Fahrt gewonnen.*
unlogisch: *Der Verkaufsleiter gibt bekannt, die Umsatzzahlen hätten sich im ersten Quartal erhöht. Denn die Konjunktur hätte an Fahrt gewonnen.*
- Die Form des Konjunktivs I der 3. Person Singular lässt sich mühelos bilden, indem das auslautende *-n* der Grundform entfernt wird. Beispiele: *sprechen → er/sie/es spreche, denken → er/sie/es denke, haben → er/sie/es habe.*
- Das Verbum *sein* verfügt in allen Personen über eindeutige Konjunktivformen*: ich sei, du sei(e)st, er/sie/es sei, wir seien, ihr sei(e)t, sie seien.* Beispiel:
verständlich: *Der Verkaufsleiter behauptet, die Umsatzzahlen seien gestiegen.*
unlogisch: *Der Verkaufsleiter behauptet, die Umsatzzahlen wären gestiegen.*
- Sofern Sie die indirekte Rede unterbrechen und in den Indikativ übergehen, dürfen Sie die indirekte Rede nur bei neuerlicher Angabe der Quelle fortsetzen. Beispiel:
verständlich: *Der CEO erläuterte, das Quartalsergebnis sei erfreulich. Der Umsatz sei um 10 % gestiegen, die Mitarbeitenden hätten einen wesentlichen Beitrag am Erfolg geleistet.*
unlogisch (unterbrochene indirekte Rede): *Der CEO erläuterte, das Quartalsergebnis sei erfreulich. Der Umsatz ist um 10 % gestiegen. Die Mitarbeiter hätten einen wesentlichen Beitrag am Erfolg geleistet.*

Fehlende Informationen (Checkliste 2.2.1)
- Versetzen Sie sich in den Leser und in sein Vorwissen: Nennen Sie die zum Textverständnis erforderlichen Daten und Fakten.

Gedankensprünge (Checkliste 2.2.2)
- Suchen Sie bei der Endredaktion des Textes nach ‚verlorenen' Zwischengedanken. Die meisten Gedankensprünge lassen sich durch Ergänzung eines fehlenden Satzes beseitigen.

Die dritte Anforderung: Schreiben Sie präzise!

Wortballast (Checkliste 3.1.1)
- Verzichten Sie auf Angaben mit unbestimmten (indefiniten) Zahlwörtern wie *manche, viele, einige, verschiedene* und entsprechende Zusammensetzungen (*vielerorts, verschiedenartig* usw.). Liefern Sie dem Leser stattdessen präzise Angaben!
- Verwenden Sie aussagekräftige Begriffe. Meiden Sie hingegen Allerweltswörter wie *Aspekt, Bereich, Umfeld, Projekt* u. v. a. m.
- Streichen Sie nach Möglichkeit Modalverben wie *können, sollen, müssen, dürfen* usw. Beispiel:
  verständlich: *Das Unternehmen weist dieses Jahr einen Gewinn aus.*
  unpräzise (Modalverb): *Das Unternehmen kann dieses Jahr einen Gewinn ausweisen.*
- Bekennen Sie sich zu Ihrer Aussage. Streichen Sie nach Möglichkeit Modalpartikel wie *wohl, eigentlich, wahrscheinlich, gewiss* usw.
- Verzichten Sie auf ‚höfliche' Konjunktive. Beispiel:
  verständlich: *Es freut mich, wenn Sie meine Bewerbung wohlwollend prüfen.*
  unpräzise (‚höflicher' Konjunktiv): *Es würde mich freuen, wenn Sie meine Bewerbung wohlwollend prüfen würden.*
- Verzichten Sie auf ‚Modeplurale'. Beispiel:
  verständlich: *Dieser Bau benötigt eine Investition von fünf Millionen Franken.*
  unpräzise (Modeplural): *Dieser Bau benötigt Investitionen von fünf Millionen Franken.*

Superlative (Checkliste 3.1.2)
- Verwenden Sie Superlative sparsam. Pro Absatz reicht in nicht werberischen Texten ein Superlativ.
- ‚Versteckte' Superlative wie *einzig, voll, aktuell, optimal, exklusiv* usw. gelten als Superlative – und lassen sich nicht mehr steigern. Superlative wie *einzigst, vollst, optimalst, exklusivst* usw. sind daher sinnwidrig.

8.2 Alle Empfehlungen im Überblick

Nicht treffende Begriffe (Checkliste 3.1.3)
- Prüfen Sie Ihre Wortwahl bei Zweifeln mit folgenden Fragen:
  - In welchem Zusammenhang wird das betreffende Wort üblicherweise verwendet?
  - Welche Wörter oder Wortbestandteile sind im betreffenden Wort enthalten?
- Seien Sie bei Neubildungen (Neologismen) vorsichtig.

Pleonastische Ausdrücke (Checkliste 3.2.1)
- Verwenden Sie Adjektive als ‚Würzwörter' bewusst und sparsam.
- Packen Sie keine wesentlichen Angaben in attributive Adjektive. Beispiel:
  verständlich: *Unsere Kunden sind (wirklich) anspruchsvoll. Wir suchen daher Mitarbeitende mit viel Erfahrung.*
  unpräzise (wesentliche Angaben im Attribut): *Für unsere anspruchsvollen Kunden suchen wir Mitarbeitende mit viel Erfahrung.*
- Vermeiden Sie pleonastische Ausdrücke. Setzen Sie im Zweifel den Gegenbegriff ein. Beispiel:
  verständlich: *Unsere erfahrenen Experten beraten Sie gerne.*
  unpräzise (pleonastisch): *Unsere erfahrenen, langjährigen Experten beraten Sie gerne.* (Erfahrene, nur kurze Zeit tätige Experten sind undenkbar.)
- Ein Adjektiv pro Bezugswort reicht in der Regel aus – sonst besteht Tautologie-Gefahr. Beispiel:
  verständlich: *Unser neues Produkt kommt nächstes Jahr auf den Markt.*
  unpräzise (Tautologie): *Unser neues, innovatives Produkt kommt nächstes Jahr auf den Markt.*
- Übertragen Sie keine menschlichen Eigenschaften auf unbelebte Sachen oder Gegenstände. Beispiel:
  verständlich: *Wir bieten Ihnen ein Arbeitsklima, in dem Sie anspruchsvolle Projekte verwirklichen.*
  unpräzise: *Wir bieten Ihnen ein ambitiöses Arbeitsklima, in dem Sie ehrgeizige Projekte realisieren können.*

Länge des Satzes (Checkliste 3.2.2)
- Ein deutscher Standardsatz umfasst 12 bis 20 Wörter.
- Ein Satz über 25 Wörter ist unverständlich. Portionieren Sie Ihre Aussagen und kommen Sie rechtzeitig auf den Punkt.
- Ein deutscher Standardsatz zieht einen Nebensatz nach sich. Vermeiden Sie daher ‚Bandwurmsätze' aus einem Hauptsatz und mehreren Nebensätzen.

Redundanz (Checkliste 3.3.1)
- Ordnen Sie die wesentlichen Daten und Fakten – und handeln Sie ein Thema an einem Ort im Text ab.
- Nennen Sie das Wesentliche im Hauptsatz beziehungsweise zu Satz- oder Absatzbeginn.

Die vierte Anforderung: Schreiben Sie anregend!

Wortgleichklang (Checkliste 4.1.1)
- Vermeiden Sie Wortgleichklang.

Monotone Satzstruktur (Checkliste 4.2.1)
- Variieren Sie Wortstellung und Länge Ihrer Sätze – aber nicht auf Kosten von Leserfreundlichkeit und Präzision.

Floskeln (Checkliste 4.2.2)
- Hände weg von Floskeln. Sie sind sprachliche Schnellkost.

Textlänge (Checkliste 4.3.1)
- Schreiben Sie angemessen über Ihr Thema – bleiben Sie am Boden der sprachlichen Realität. Dies beginnt bei der richtigen Textlänge: Weniger ist oft mehr.